الأداء الإداري المتميز

فهرسة أثناء النشر إعداد إدارة الشئون الفنية - دار الكتب المصرية
أبو النصر، مدحت محمد
الأداء الإداري المتميز
ط1- القاهرة: المجموعة العربية للتدريب والنشر
204 ص : 17x24 سم.
الترقيم الدولي : 978-977-6298-22-4
1- الإدارة
2- الإدارة العلمية أ- العنوان
ديوي: 350 رقم الإيداع : 2011/9953

الطبعة الأولى
2012

الناشر
المجموعة العربية للتدريب والنشر
8 أ شارع أحمد فخري - مدينة نصر - القاهرة - مصر
تليفاكس: 22759945 - 22739110 (00202)
الموقع الإلكتروني: www.arabgroup.net.eg
E-mail: info@arabgroup.net.eg
elarabgroup@yahoo.com

الأداء الإداري المتميز

تأليف

دكتور/ مدحت محمد أبو النصر

أستاذ تنمية وتنظيم المجتمع بجامعة حلــوان

دكتوراه من جامعة Wales ببريطانيا

أستاذ زائـر بجامعة .C.W.R بأمريكا

أستاذ معار بجامعة الإمارات العربية المتحدة (سابقا)

رئيس قسم العلوم الإنسانية بكلية شرطة دبي (سابقا)

الناشر

المجموعة العربية للتدريب والنشر

Arab group

2010

بسم الله الرحمن الرحيم

"إذ أوى فتية إلى الكهف فقالوا ربنا آتنا من لدنك رحمة وهيء لنا من أمرنا رشدا(10) "

(الكهف: 10)

"إن الذين آمنوا وعملوا الصالحات نا لا ناضيع أجر من أحسن عملا(30)"

(الكهف: 30)

صدق الله العظيم

الإهداء

إلى جميع زملائي الأحباء

وجميع طلابي الأعزاء

أهدي لهم هذا الكتاب .

المؤلف

المحتويات

الموضوع	الصفحة

المحتويـات _____

المقدمة

تحقيق الأداء المتميز Excellence or Competency Performance يسهم في تحقيق جودة السلعة أو الخدمة، وفي تحقيق العمل المطلوب بشكل صحيح من أول مرة، وتقليل الأخطاء والعيوب والمشكلات، وتقليل الفاقد من الجهد والوقت والموارد...

ويعتبر تحقيق الأداء المتميز من جانب العاملين في أي منظمة أحد المبادئ الرئيسية لفلسفة إدارة الجودة الشاملة Total Quality Management . وعلى صعيد الفكر الإداري ظهرت مدارس واتجاهات وحركات عديدة كان الأداء وتحسينه محورا رئيسيا من محاور اهتمامها. ومن هذه المدارس والاتجاهات والحركات نذكر على سبيل المثال: مدرسة العلاقات الإنسانية، وحركة الإدارة بالأهداف والنتائج، ومدرسة الإدارة بالمشاركة، وحركة التطوير التنظيمي، وتنمية الموارد البشرية، ومدرسة إدارة الجودة الشاملة، وحركة المنظمات التي تتعلم..

هذا ويهدف الكتاب الحالي «الوصول إلى ذروة الأداء الإداري المتميز» إلى إلقاء الضوء على مفهوم الأداء الإداري المتميز ومحاور ومداخل ونماذج ومفاتيح تحقيق ذلك.

- إذا أردت أن يكون أداؤك متميزا فاقرأ هذا الكتاب.
- وإذا أردت أن تحسن أداء مرؤوسيك فاقرأ هذا الكتاب.

ويتكون الكتاب من ثمانية فصول هي كالتالي:

الفصل الأول : ماهية الإدارة.

الفصل الثاني : أدوار ومهارات وأبعاد الإدارة.

الفصل الثالث : أسس الأداء المتميز.

الفصل الرابع : إدارة الأداء.

الفصل الخامس : تمكين الأداء المتميز.

هذا ويمكن استخدام الكتاب لأغراض عديدة مثل:

- التعلم الذاتي والدراسة الفردية: فقد تم تصميم الكتاب ليمكنك من تعليم نفسك بنفسك.
- البرامج التدريبية: يمكن استخدام الكتاب كملف تدريبي يتم توزيعه على المتدربين في برنامج تدريبي حول موضوع الكتاب.
- التدريب عن بعد: يمكن إرسال الكتاب إلى هؤلاء الذين لا يتمكنون من حضور البرامج التدريبية.

ولقد تمت الاستفادة في إعداد هذا الكتاب بأكثر من 128 مرجعا عربيا و82 مرجعا أجنبيا بما يتيح للقارئ مساحة أوسع من المعرفة حول موضوع الكتاب.

هذا وندعو اللـه العلي القدير أن يستفيد من هذا الكتاب كل من اهتم بقراءته.

والمؤلف يشكر اللـه سبحانه وتعالى على توفيقه له في إعداد هذا الكتاب المتواضع الذي بلا شك به بعض النواقص، فالكمال لله وحده.

وبالله التوفيق،،

المؤلف

أ. د. مدحت محمد أبو النصر

الفصل الأول

ماهيــة الإدارة

أشتمل هذا الفصل على:

- 📖 تعريف الإدارة.
- 📖 خصائص الإدارة.
- 📖 خصائص العملية الإدارية.
- 📖 مهمة الإدارة .
- 📖 وظائف الإدارة.
- 📖 مبادئ الإدارة.
- 📖 مستويات الإدارة.
- 📖 السلطة التنفيذية والسلطة الاستشارية.
- 📖 استقصاء: هل أنت مشرف ممتاز ؟

«إن العالم ليفسح الطريق لأي امرئ يعرف طريقه جيدا »

(ديفيد ستار جوردن)

تعريف الإدارة:

الإدارة Management لغويا: من الفعل يدير Manage بمعنى يدبر ويوظف ويستخدم ويحرك ويقتصد ويوجه ويرشد ويسوس ... وهذا هو معنى الإدارة، وكذلك هو إشارة إلى بعض أدوار المدير Manager، ومن أشهر تعريفات الإدارة نذكر:

1- تعريف فريدريك تايلور Fredric Taylor: الإدارة هي: أن تعرف بالضبط ماذا تريد، ثم تتأكد من أن الأفراد يؤدون ذلك بكفاءة وفعالية.

2- تعريف هنري فايول H. Fayol: الإدارة هي: عملية تنبؤ وتخطيط وتنظيم، ومن ثم القيام بالتوجيه والمراقبة.

هذا وهناك العديد من المدارس الفكرية والعلمية التي قدمت مفاهيم وتعريفات للإدارة. والملاحظ على هذه التعريفات، أنها تتفق مع بعضها في بعض الجوانب وتختلف كذلك في جوانب أخرى، وحتى يمكننا الإلمام بمعنى الإدارة فإننا سنقوم باستعراض بعض تعريفاتها الشائعة كالتالي:

1- الإدارة هي وظيفة تنفيذ الأشياء عن طريق الآخرين.

2- الإدارة علم وفن إدارة الموارد لتحقيق الأهداف المطلوبة.

3- الإدارة هي نوع من الجهد البشري المتعاون الذي يتميز بدرجة عالية من الرشد.

4- الإدارة هي توفير نوع من التعاون والتنسيق بين الجهود البشرية من أجل تحقيق هدف معين.

5- الإدارة هي فن الحصول على أقصى النتائج بأقل جهد؛ حتى يمكن تحقيق رواج وسعادة لكل من صاحب العمل والعاملين مع تقديم أفضل خدمة ممكنة للمجتمع.

6- الإدارة عملية اجتماعية مستمرة تعمل على الاستفادة المثلى من الموارد المتاحة والممكنة عن طريق التخطيط والتنظيم والقيادة الرقابة؛ للوصول إلى هدف محدد.

7- الإدارة عملية تحديد وتحقيق الأهداف من خلال ممارسة أربع وظائف إدارية أساسية هي: «التخطيط والتنظيم والتوجيه والرقابة».

8- الإدارة هي عملية صنع القرارات بصورة رشيدة؛ لإنجاز الأهداف المطلوبة الإطار الزمني الموضوع لها.

9- الإدارة هي عملية تحقيق المنظمة للأهداف المخطط لها؛ وذلك بأقل قدر ممكن من الموارد المتاحة، وفي الإطار الزمني المحدد لها.

10- الإدارة هي تخطيط وتنظيم وتوجيه ورقابة الموارد البشرية والموارد الأخرى بالمنظمة؛ لتحقيق أهدافها بكفاءة وفعالية.

11- الإدارة هي عملية ذهنية وسلوكية تسعى إلى الاستخدام الأمثل للموارد البشرية والمالية والمادية؛ لبلوغ أهداف المنظمة والعاملين بها بأقل تكلفة وأعلى جودة.

12- الإدارة هي إدارة الموارد البشرية بكفاءة وفعالية.

وفي ضوء التعريفات السابقة يمكن أن نعرف الإدارة بأنها: مهنة وعلم وفن وعملية لتحقيق التعاون والتنسيق بين الموارد البشرية والمالية والمادية - المتاحة والممكنة - لإنجاز الأهداف المخطط لها بصورة رشيدة.

الفرق بين: Administration & Management

يرى البعض أن كلمة إدارة هي ترجمة لكلمة Management ويرى آخرون أنها مرادفة لكلمة Administration. وهناك محاولات كثيرة للتفريق بينهما. فهناك من يرى أن الكلمة الأخيرة تشير إلى مهام الإدارة في المستويات العليا لكل عمل المنظمة، بينما تعبر الكلمة الأولى عن مهام الإدارة في مستويات التنفيذ والعمل الجاري اليومي وهذا هو المفهوم الأمريكي التقليدي.

أما المفهوم البريطاني هو - بشكل عام - يرى العكس، وهناك ما يميز بين الكلمتين على أساس أن كلمة Administration تطلق على المجال الحكومي أو المنظمات التي لا يحركها دافع الربح، بينما تختص كلمة Management بمشاريع الأعمال.

خصائص الإدارة:

في ضوء التعريفات السابقة يمكن تحديد بعض خصائص الإدارة كالتالي:

1- الإدارة مهنة:

الإدارة تعتبر من المهن القديمة، فقد مارس الإنسان الإدارة منذ بدء الخليقة. فالإنسان كائن اجتماعي اتصالي لا يستطيع أن يعيش بدون التواصل مع الآخرين وخاصة في مجال العمل.

هذا، ولقد توفرت للإدارة مقومات أي مهنة، مثل: القاعدة المعرفية، والأهداف المحددة، والمجتمع المهني، والميثاق الأخلاقي، والتنظيمات المهنية، والاعتراف المجتمعي.

2- الإدارة علم:

لم تعرف الإدارة كعلم ذي أصول وأسس ونظريات إلا خلال القرن العشرين؛ ولكن هذا لا يعني أنها وليدة هذا القرن.

وعلم الإدارة عبارة عن المعرفة المنظمة والمصنفة في شكل مجموعة من المبادئ الإدارية. هذا ولقد بدأ الحديث عن الإدارة كعلم مع بداية كتابات وأفكار فريدريك تايلور (Fredric Taylor). والإدارة علم؛ لكونها تسترشد بالمنهج العلمي وخطواته في أداء وظائفها وعملياتها الإدارية، كذلك الإدارة علم؛ لأنها تسترشد وتستفيد من أساسيات ونظريات العلوم الاجتماعية والإنسانية الأخرى، كما أن هناك العديد من النظريات التي تم استنباطها وتجربتها في مجال الإدارة.

3- الإدارة فن:

لأنها تعتمد على الإبداع والابتكار، وعلى كيفية استخدام الذكاء في المواقف المختلفة التي يواجهها المشرف أو الرئيس أو المدير؛ ولذلك نرى أساليب مختلفة للإدارة بالرغم من أن الوظيفة واحدة، أيضا الإدارة فن لكونها تتطلب لممارستها العديد من المهارات، سواء كانت فكرية أو إنسانية أو فنية؛ كذلك لأن الإدارة هي في الأصل إدارة الأفراد، وهذا يحتاج إلى دراسة وفهم هؤلاء الأفراد وتحديد الأساليب المناسبة للتعامل مع هؤلاء الأفراد والتأثير فيهم وتشجيعهم لأداء الأعمال المطلوبة منهم.

4- الإدارة عملية:

بمعنى أنها تتضمن تفاعلا متبادلا ومستمرا بين جميع أطراف العملية الإدارية، وبين المستويات الإدارية وبين الإدارات والأقسام داخل المنظمة، وبين المنظمات والبيئة الخارجية المحيطة بها، أي أن الإدارة نشاط حركي ديناميكي منظم تجاه تحقيق أهداف مخطط لها.

كذلك يطلق على الإدارة بأنها عملية اجتماعية؛ لأن أهدافها تتطلب عددا من الناس يشتركون في تحقيقها.

هذا، ولقد نشأت الإدارة عندما أصبح ضروريا تعاون جماعة من الافراد لأداء عمل معين.

5- الإدارة عملية مستمرة:

فطالما كان هناك مجتمع يعيش فيه أفراد لديهم احتياجات (متعددة ومتنوعة ومتجددة ونسبية ولا نهائية) فإن الإدارة ستستمر في نشاطها في هذا المجتمع.

6- الإدارة عملية هادفة:

ظهرت الإدارة في الأصل نظرا للحاجة إليها، ونظرا لأنها وسيلة فعالة لتحقيق بعض أهداف المجتمع، فالإدارة على سبيل المثال مسؤولة عن توفير التعاون والتنسيق

بين الموارد البشرية والمادية والمالية، سواء كانت متاحة أو ممكنة؛ لتحقيق الأهداف المخطط لها بصورة رشيدة.

7- الإدارة مسؤولة عن تحقيق الأهداف بصورة رشيدة:

بمعنى أن الإدارة مسؤولة عن تحقيق أهداف المنظمة بكفاءة وفعالية. وببساطة يقصد بالكفاءة Efficiency الاستفادة المثلى من الموارد والترشيد في استخدامها، بينما يقصد بالفعالية Effectiveness تحقيق الأهداف بأفضل مستوى ممكن. بمعنى أن الإدارة الرشيدة هي التي تحقق الأهداف بأقل جهد ووقت وتكاليف.

8- الإدارة والموارد:

تحتاج الإدارة إلى الموارد لتحقيق الأهداف، ويعرف ماكس سيبرون Max Sipron المورد بأنه: «أي شيء له قيمة، ويمكن استخدامه، وهو إما أن يكون متاحا أو غير متاح، ويتطلب بعض الجهد لجعله متاحا، ويستطيع الإنسان أن يستفيد منه ويجعله أداة يمكن استخدامها لتأدية وظيفة أو لإشباع حاجة أو لحل مشكلة».

هذا وهناك تصنيفات عديدة لأنواع الموارد نذكر منها: الموارد البشرية والمالية والمادية والتنظيمية، الموارد المتاحة والممكنة، الموارد الداخلية والخارجية، الموارد المعنوية، مثل: (الأفكار والطرق والأساليب والمعلومات)؛ والمادية، مثل: (الأموال والمعدات والآلات). ومن مهام الإدارة توفير الموارد وحسن استخدامها وعدم الإسراف فيها وتحقيق التعاون والتنسيق فيما بينها.

خصائص العملية الإدارية:

تتسم العملية الإدارية بعدة خصائص تميزها عن غيرها من العمليات الأخرى. ويوضح عبد الرحمن توفيق أهم هذه الخصائص كالتالي:

1- **الرسمية:** فهي تتم في إطار قانوني محدد ومعروف ومعلن وهو التنظيم الرسمي.

2- **الاستمرارية:** فالمديرون يقومون بوظائفهم الإدارية بشكل مستمر طالما بقيت المنظمة على قيد الحياة.

3- **التسلسل:** تندرج العملية الإدارية بين عدة مستويات إدارية: العليا، الوسطى، المباشرة (الإشرافية).

4- **التوازن:** توزيع الجهد الإداري بين الأنشطة المختلفة بما يتفق مع أهميتها النسبية، وتحقيق التوازن بين وظائف العملية الإدارية نفسها.

5- **الوضوح:** في تحديد الأهداف والخطط والسياسات والسلطات والمسئوليات. المعايير الرقابية .. إلخ.

6- **الشمول:** لكل وظائف المنظمة فما من وظيفة أو نشاط يؤدي في المنظمة إلا وتجد العملية الإدارية بكل وظائفها سابقة له ومتزامنة معه ولاحقة عليه.

7- **التداخل:** تتميز العملية الإدارية بالتفاعل والتداخل بين وظائفها إلى حد كبير.

8- **العدالة:** يجب أن تتسم العملية الإدارية والقائمون عليها من مديرين بالعدالة وإلا ستصبح مجرد قوة قهرية تعتمد على سلطاتها الرسمية وليس على قبول العاملين بها.

مهمة الإدارة:

إن تحقيق التنمية المنشودة في المجتمع يتوقف على وجود المنظمات القادرة على تحقيق أهدافها والوفاء بمتطلباتها؛ لذا كان الاهتمام المتعاظم بدور الإدارة باعتبار أنها أداة النمو والتقدم.

ولقد سارعت مختلف المجتمعات إلى الاهتمام بالعنصر البشري وإعداد الكوادر الفنية والإدارية اللازمة؛ لقيادة العمل بمنظمات المجتمع المختلفة باختلاف تخصصاتها وتبعيتها.

فالإدارة مسؤولية وتكليف، فهي مسؤولية من منطلق أنها مسؤولة عن تحقيق الأهداف

التي وجدت من أجلها المنظمات في المجتمع، وهي تكليف من المجتمع باستخدام موارده بمختلف أنواعها لتحقيق نتائج معينة تتمثل في تقديم السلع والخدمات التي يحتاجها المجتمع وبالأسعار المناسبة وبالجودة المطلوبة.

وتعتبر الإدارة دعامة رئيسية تعتمد عليها الأنشطة الاقتصادية والاجتماعية والتعليمية والعسكرية، سواء كانت حكومية أو خاصة أو أهلية؛ لأنها تضع النظام السليم لاستثمار الموارد النادرة لإشباع أكبر قدر ممكن من الحاجات لدى الفرد والجماعة والمجتمع.

بمعنى أن الإدارة كمهنة مسؤولة عن تحقيق أهداف المنظمات في المجتمع بكفاءة وفعالية.

إن أي هدف صغيرا كان أو كبيرا لا يمكن تحقيقه إلا إذا أعلنا العزم على تحقيقه، ثم عرفنا كيف نحققه، وكيف نصل إليه، وهذه هي مهمة الإدارة، فعلى سبيل المثال فإن الإدارة مسؤولة عن صنع القرارات الرشيدة لإنجاز الأعمال والمهام المطلوبة، وحل المشكلات التي تواجه المنظمة والمجتمع بطريقة علمية وموضوعية وعادلة.

ويشرح عبد الرحمن توفيق مهمة الإدارة من خلال النقاط التالية:

1- الإدارة هي لغة الحياة التي يتمكن بها الإنسان من تحقيق أحلامه لأنها تنظم أدوات الإنسان وموارده وتمكنه من حسن استخدامها وسلامة توجهها بالمسارات الإدارية والاقتصادية السليمة.. لا يقتصر دورها فقط على إدارة الموارد بل يتعداه إلى تنظيم أساليب التفكير والتدبير، ويمتد كذلك إلى أساليب وطرق القياس، وتقييم الأداء الإنساني وكذلك تقييم أداء المشروعات اقتصاديا وماليا.

2- أن حياة الشعوب زاخرة بالمواقف التي لعبت فيها الإدارة دورا حيويا في إدارة المشروعات وازدهار المجتمعات وإدارة المواقف الصعبة فيها ومن بين أهم الأمثلة:

● كيف استطاعت ألمانيا واليابان تحقيق هذه المعدلات الصناعية رغم التدمير الكامل بكل ما فيها خلال الحرب العالمية الثانية.

● كيف تمكنت بعض دول شرق آسيا من منافسة الدول الصناعية الكبرى.

● كيف تمكن الجندي المصري من عبور خط بارليف في حرب 6 أكتوبر متجاوزا كل الحسابات العلمية: السدود والخزانات والتطور العلمي والعملي الباهر في كافة العلوم وكيف يتح تحقيقه؟

3- إن الإدارة هي خلاصة التجربة الإنسانية في تحقيق الممكن والمستحيل؛ لأنها العلم الذي استفاد من كل العلوم ولخص كل التجارب الإنسانية. وحولها إلى دروس مستفادة يمكن نقلها من جيل لآخر. إنها باختصار علم بناء الحضارات وحمايتها من الاندثار. وهي كذلك علم التدمير والهلاك والقضاء على البشرية وقهر الشعوب؛ لذا يبقى السؤال دائما هو كيف نحسن استخدام الإدارة كعلم؟ وكوسيلة لتحقيق أهداف الشعوب؟

وظائف الإدارة:

اختلف العلماء والباحثون في الاتفاق على تعريف واحد للإدارة، كذلك فإنهم لم يتفقوا على تحديد واضح لوظائفهم الإدارة (Management Functions)، فمنهم من يرى أن وظائف الإدارة تتمثل في:

1- صنع القرار.
2- التخطيط.
3- القيادة.
4- الرقابة.

ومنهم من يحدد وظائف الإدارة في:

1- التخطيط.
2- التنظيم.
3- توظيف الطاقات البشرية.

4- التدريب.

5- التمويل.

ورأي ثالث يعرض وظائف الإدارة في:

1- صنع القرارات.

2- التخطيط.

3- التنظيم.

4- التوجيه.

5- الرقابة.

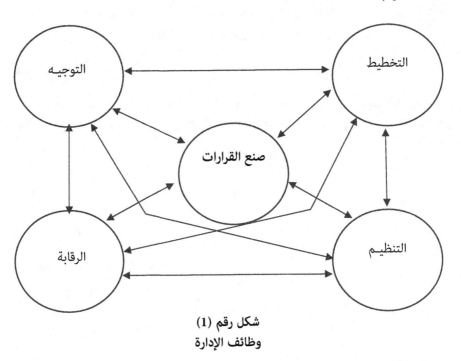

شكل رقم (1)

وظائف الإدارة

ويمكن شرح هذه الوظائف باختصار كما يلي:

1- صنع القرارات Decision Making:

وظيفة صنع القرارات هي جوهر عملية الإدارة، وتتضمن هذه الوظيفة سلسلة من الخطوات القائمة على أساس بعض المعايير والتي تهدف إلى الاختيار الواعي بتحديد البديل الأنسب من بين البدائل المتاحة لمواجهة موقف محدد.

ويقصد بالقرار الاختيار من بين عدة بدائل مطروحة بقصد تحقيق هدف معين. ولاختيار القرار المناسب من بين البدائل المطروحة، فإنه يمكن الاعتماد على العديد من المعايير في عملية تقييم البدائل نذكر منها:

● التكلفة.
● العائد.
● الزمن.
● الجودة.
● السلامة.
● القبول.
● البيئة.

والإجابة عن الأسئلة التالية يمكن أن تساعد في اختيار البديل المناسب (اتخاذ القرار):

1- هل البديل الذي وقع عليه الاختيار سوف يؤدي إلى مواجهة المشكلة؟
2- هل هذا البديل مقبول بالنسبة لكل أطراف المشكلة؟
3- هل هذا البديل يمكن وضعه في شكل خطة عمل تفصيلية؟
4- هل الوقت يسمح باستخدام هذا البديل ؟
5- هل تسمح الموارد البشرية والمالية والمادية بتطبيق هذا البديل؟
6- هل يضمن هذا البديل عدم ظهور المشكلة في المستقبل؟

ونجاح المدير يعتمد بدرجة كبيرة على سلامة ما يتخذه من قرارات ودرجة قبولها سواء داخل المنظمة أو خارجها.

ومن الملاحظ أن اتخاذ القرارات كنشاط يغطي كافة مجالات العمل داخل أي منظمة ويتم على كافة المستويات؛ مما يدعو إلى القول في النهاية أن الإدارة هي سلسلة من القرارات الرشيدة المتزامنة والمتعاقبة.

وتجدر الإشارة إلى أن أهمية القرار في أي منظمة تزداد ونطاق شموله يتسع كلما ارتفع مستوى السلطة الإدارية التي تتخذ القرار داخل الهيكل التنظيمي للمنظمة.

ومن الأهمية بمكان أن نفرق بين من يتخذ القرار، وبين من يسهم في اتخاذ القرار، فمتخذ القرار يجب أن يملك السلطة الإدارية التي تعطيه الحق في اتخاذ القرارات في حدود معينة، بيد أن ذلك لا يعني أن ينفرد متخذ القرار في جميع الأحوال باتخاذ القرار، بل إن هناك الكثيرين في المنظمة من الممكن أن يساعدوه على اتخاذ القرار المناسب.

ويوضح الشكل التالي رقم (2) مدى الحرية المتاحة للمرؤوسين في عملية صنع القرارات، ومدى استخدام المدير لسلطاته وصلاحياته، والذي قدمه كل من تانيبناوم Robert Tannenbaum و شميدتWarren Schmidt في مقالة لهما عن «كيف تختار النمط القيادي؟» والمنشورة عام 1973م.

2- التخطيط Planning:

التخطيط هو عملية عقلية للموائمة بين الموارد والاحتياجات، واختيار أفضل مسار للفعل من بين مسارات بديلة، ووضع ذلك في شكل خطة وميزانية لتحقيق أهداف محددة في المستقبل.

بمعنى أن التخطيط مرحلة التفكير التي تسبق تنفيذ أي عمل والتي تنتهي بإعداد خطة عمل. كذلك يمكن تعريف التخطيط بأنه عملية التنبؤ بالمستقبل والاستعداد له.

ومن عناصر التخطيط السليم نذكر:

أ - الاعتماد على معلومات كافية وحديثة ودقيقة.

ب- تحديد ووضوح الأهداف.

ج- الاستخدام الرشيد للموارد المتاحة والممكنة.

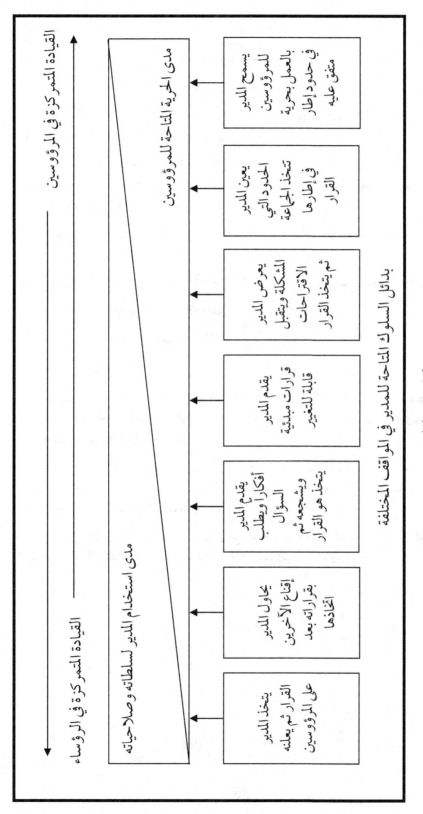

القيادة المتمركزة في المرؤوسين
القيادة المتمركزة في الرؤساء
مدى استخدام المدير لسلطاته وصلاحياته
مدى الحرية المتاحة للمرؤوسين
يسمح المدير للمرؤوسين بالعمل بحرية في حدود إطار متفق عليه
يعين المدير الحدود التي تتخذ الجماعة في إطارها القرار
يعرض المدير المشكلة ويتقبل الاقتراحات ثم يتخذ القرار
يقدم المدير قرارات مبدئية قابلة للتغيير
يقدم المدير أفكاراً ويطلب السؤال ويشجعه ثم يتخذ هو القرار
يحاول المدير إقناع الآخرين بقراراته بعد اتخاذها
يتخذ المدير القرار ثم يعلنه على المرؤوسين
بدائل السلوك المتاحة للمدير في المواقف المختلفة

شكل رقم (2)
متصل السلوك القيادي

ويشتمل التخطيط على مجموعة من المراحل مثل:

وضع الأهداف والمعايير، ورسم السياسات والإجراءات والتنبؤات، وإعداد الميزانيات، ووضع برامج ومشروعات العمل والجداول الزمنية لها.

وتعتبر الخطط التنظيمية بمثابة الإطار الذي يحفز ويحقق التكامل بين الأنشطة الفردية المختلفة داخل المؤسسة، وتحدد الخطط ما يجب أن تؤديه المؤسسة، وأين ومتى وكيف ومن الذي يقوم بالأداء ويخطط المدير عادة لعدة أسباب:

أ - تحديد اتجاه عام لمستقبل المؤسسة؛ ومن ثم تحديد أهداف وتوجهات المؤسسة، مثل: زيادة الأرباح أو توسيع حصتها في السوق، كذلك مسؤوليتها الاجتماعية.

ب - ربط موارد المؤسسة بإنجاز هذه الأهداف، وضمان توفير تلك الموارد لإنجاز الأهداف.

ج - تقرير الأنشطة الضرورية لإنجاز الأهداف.

د - اتخاذ قرار بشأن المهام الواجب أداؤها للوصول إلى تلك الأهداف.

3- التنظيم Organizing:

يتطلب وضع الخطط السابقة موضع التنفيذ ضرورة تحديد الاختصاصات المختلفة المطلوبة لها، ثم توزيعها على الأفراد والجماعات المختلفة داخل المنظمة بطريقة منظمة تحقق تعاونهم معا من أجل تحقيق الأهداف المشتركة بينهم.

إن جوهر وظيفة التنظيم يقوم على أساس تجميع المدخلات البشرية والاقتصادية في وحدات تنظيمية مختلفة، ثم تحديد العلاقات بين هذه الوحدات بما يحقق التكامل والتنسيق بينها من أجل تحقيق الأهداف المطلوبة بكفاءة وفعالية.

باختصار فإن وظيفة التنظيم تشمل: وضع الهيكل التنظيمي المناسب، وتهيئة وتطوير بنية الوظائف الإدارية المتداخلة بناء على متطلبات التخطيط، وتوزيع المسؤولية

المخطط لها على الأشخاص الذين يشغلون هذه الوظائف، وتحديد العلاقات التنظيمية بين مختلف المناصب.

4- التوجيه **Directing**:

وظيفة التوجيه تشمل مجموعة من الوظائف الفرعية هي: القيادة والإشراف والاتصال والتحفيز، ويمكن شرح ذلك باختصار كالتالي:

إن الموارد البشرية كي تتصرف طبقا للأهداف والخطط والسياسات والإجراءات السابق تحديدها لابد من الاتصال معها، وتوفير القيادة والإشراف لها، وتقديم التحفيز المناسب لها.

ولا تقتصر هذه الوظيفة على إصدار الأوامر والتعليمات فقط من خلال الوحدات التنظيمية؛ ولكن تهتم أيضا بإشراك العاملين في صنع القرارات وبقبول هذه الأوامر والتعليمات وتنفيذها من قبل العاملين.

ويحتاج جميع العاملين وعلى مختلف المستويات قدرا من التحفيز لتشجيعهم على العمل وجودته بما يحقق زيادة الإنتاجية.

5- الرقابة **Controlling**:

تتم وظيفة الرقابة من خلال وسائل الضبط، وذلك حتى نتأكد من أن كل شيء في المنظمة يسير وفق السياسات والخطط والميزانيات الموضوعة، والهدف من الرقابة هو رصد الأخطاء والقيام بتصحيحها والعمل على تجنبها مستقبلا.

بمعنى أن وظيفة الرقابة تهدف إلى التأكد من أن الأداء الفعلي يتم طبقا للأهداف والخطط والسياسات التي سبق وضعها (عن طريق وظيفة التخطيط) ومن خلال الهيكل التنظيمي الموضوع (وظيفة التنظيم)، ثم تحفيز وتشجيع العاملين على تنفيذها (عن طريق وظيفة التوجيه).

والرقابة كوظيفة إدارية تزود الإدارة بالمعلومات عن الأداء الفعلي حتى يمكن

مقارنتها بالمعايير التي سبق تحديدها، فإذا كانت هناك اختلافات غير مرغوب فيها بين الأداء الفعلي والأداء المخطط، فإنه يمكن اتخاذ الإجراءات التصحيحية والتي قد تأخذ أشكالا متعددة باختلاف الظروف السائدة.

مبادئ الإدارة:

المبادئ (Principles) هي حقائق أساسية لها صفة العمومية، وهي كذلك خطوط إرشادية وقواعد موجهة لكل من الممارسة والقرارات والأفعال.

فالمبادئ هي: مجموعة القواعد والمستويات التي تحدد ما هو صحيح وما هو خطأ، بمعنى أنها مجموعة الأحكام أو التعليمات التي تستعمل كموجهات للسلوك وللعمل.

ويمكن التوصل إلى المبادئ إما عن طريق الدروس المستفادة من الخبرات المكتسبة أو عن طريق نتائج البحث العلمي أو الاثنين معا.

وقد وضع هنري فايول H. Fayol (14) مبدأ من مبادئ الإدارة هي كالتالي:

1- مبدأ تقسيم العمل: حيث تزداد كفاءة الأفراد كلما تخصصوا في أداء عمل كما هو الحال على خط الإنتاج.

2- مبدأ السلطة والمسؤولية: ويشير هذا المبدأ إلى أن المسؤولية هي نتيجة لتخويل السلطة، ومترتبة عليها ومن الأهمية بمكان وجود تعادل بين العنصرين.

3- مبدأ الانضباط أو ضبط السلوك والتأديب: ويشير هذا المبدأ إلى أهمية إطاعة الأوامر واحترام أنظمة العمل وتطبيق نظام التأديب.

4- مبدأ وحدة القيادة: ويشير هذا المبدأ إلى ضرورة أن يتلقى المرؤوس التعليمات والأوامر من رئيس واحد.

5- مبدأ وحدة التوجيه: ويشير هذا المبدأ إلى أن كل مجموعة من الجهود أو الأنشطة يكون لها هدف واحد، كما يجب أن يكون لها رئاسة واحدة توجهها وتحدد إطار عملها.

6- مبدأ أولوية المصلحة العامة: ويشير هذا المبدأ إلى ضرورة إعطاء الأولوية للمصلحة العامة على المصلحة الفردية.

7- مبدأ المكافأة العادلة: ويشير هذا المبدأ إلى أن أنظمة المكافآت والتعويضات العادلة توفر قدرا كبيرا من الرضاء لكل من العامل وصاحب العمل.

8- مبدأ تدرج السلطة: ويشير هذا المبدأ إلى ضرورة الالتزام بخطوط السلطة من أعلى مرتبة إلى أدنى مرتبة، ويقرر هذا المبدأ عدم تخطي الرئيس المباشر في الاتصالات.

9- مبدأ المركزية: ويشير هذا المبدأ إلى أن الظروف والمواقف القائمة هي التي تحدد درجة مركزية السلطة.

10- مبدأ النظام أو الترتيب: ويشير هذا المبدأ إلى ضرورة وضع كل شخص أو كل شيء في مكانه المناسب.

11- مبدأ المساواة: ويشير هذا المبدأ إلى أهمية معاملة الإدارة لأفراد القوى العاملة بعدالة ومساواة، فذلك يرفع من معنوياتهم.

12- مبدأ استقرار العاملين: ويشير هذا المبدأ إلى أهمية استقرار أفراد القوى العاملية في وظائفهم وأعمالهم بدرجة معقولة، فدوران العمل السريع يكلف المشروع كثيرا.

13- مبدأ توفير روح المبادأة والابتكار: ويعبر هذا المبدأ عن أهمية التفكير والتأمل عند وضع الخطة وتنفيذها وعلى رجال الإدارة أن يشركوا مرؤوسيهم في اتخاذ القرارات.

14- مبدأ روح الفريق: ويشير هذا المبدأ إلى أهمية تنمية الإدارة لروح الفريق والتعاون بين العاملين.

وقد أضفى فايول H. Fayol على مبادئ الإدارة طابع العمومية في التطبيق حيث هي مبادئ تطبق بصفة عامة أيا كان نشاط المنظمات (صناعية أو زراعية أو تجارية أو حكومية أو غيرها)، وعلى أن يتم هذا التطبيق للمبادئ الإدارية في ضوء الظروف الخاصة والمتغيرة لهذه المنظمات.

مستويات الإدارة:

يمكن تحديد ثلاثة مستويات للإدارة هي كما يلي:

1- **الإدارة العليا (Top Management):**

وهي المسؤولة على سبيل المثال عن:

وضع وترتيب الأهداف العامة للمنظمة.
- السياسة العامة للمنظمة.
- تدبير الموارد للمنظمة.
- التخطيط الاستراتيجي (طويل المدى).
- ربط المنظمة بالبيئة المحيطة.
- صنع القرارات الرئيسية الحاكمة.
- إدارة الأزمات الكبيرة.
- الإشراف على الإدارة الوسطى.

2- **الإدارة الوسطى Middle Management:**

وهي المسؤولة على سبيل المثال عن:

- تلقي الاستراتيجيات والسياسات العريضة من الإدارة العليا، ثم تقوم بترجمتها في شكل أهداف وبرامج محددة يمكن تنفيذها.
- الربط بين المستويات الإدارية المختلفة في المنظمة.
- تحقيق التنسيق والتعاون بين إدارات وفروع المنظمة.
- التخطيط متوسط المدى.
- إدارة الأزمات المتوسطة.
- الإشراف على الإدارة الإشرافية.

3- الإدارة الإشرافية Supervisory Management:

الإدارة الإشرافية أو الإدارة المباشرة هي المسؤولة على سبيل المثال عن:

● الإشراف والرقابة على عمليات التنفيذ أي عن الإنتاج الفعلي للسلع والخدمات.

● المتابعة والتقييم للمشروعات والبرامج والعاملين.

● تحقيق التنسيق والتعاون داخل كل مشروع أو برنامج.

● التخطيط قصير المدى.

● إدارة الأزمات البسيطة أو الصغيرة.

السلطة التنفيذية والسلطة الاستشارية Line Versus Staff Authority

تعرف السلطة Authority بأنها الحق في اتخاذ القرارات من أجل توجيه أعمال

الآخرين من خلال إصدار الأوامر والتعليمات، وفي مجال الإدارة عادة ما نفرق بين السلطة التنفيذية والسلطة الاستشارية.

فالمديرون التنفيذيون Line Manager هم الأفراد الذين لديهم سلطة توجيه أعمال مرؤوسيهم، وعادة ما يكونون رؤساء، هذا بالإضافة إلى أنهم مسؤولين عن تحقيق الأهداف الرئيسية للمنظمة، ومن أمثلة المديرين التنفيذيين: مديرو الفنادق، ومديرو الإنتاج والمبيعات.

أما المديرون الاستشاريون Staff Managers فهم الأفراد الذين لديهم سلطة تقديم النصح والمشورة للمديرين التنفيذيين لمعاونتهم في تحقيق الأهداف الرئيسية للمنظمة، وبصفة عامة نجد أن مديري الموارد البشرية هم مديرون استشاريون فهم مسؤولون عن تقديم المساعدة وإسداء النصح والمشورة للمديرين التنفيذيين في شؤون الاستقطاب والتعيين والأجور والمكافآت.

استقصاء: هل أنت مشرف ممتاز ؟

الإشراف عبارة عن الجهود التي يبذلها المشرف أو رئيس العمل لمساعدة المرؤوسين على التغلب على ما يواجههم من مشكلات أثناء العمل، وعلى أداء وظائفهم على نحو أفضل.

وكما يفعل مدرب كرة القدم، فإن المشرف أو رئيس العمل يراقب أعضاء فريقه، ويعرفهم جيدا، ويساعدهم على مساعدة أنفسهم، ويجعلهم يوظفون أفضل ما لديهم من إمكانات.

فعلى سبيل المثال، فإنه يمكن التغلب على نقاط الضعف في الأداء عن طريق الإشراف والتوجيه الذي يقوم به المشرف أثناء العمل.

كذلك يمكن حل معظم المشكلات الكبيرة مع المرؤوسين بالتوجيه السليم، كما يمكن القضاء على المشكلات الصغيرة قبل أن تستفحل. فيمكن أثناء الإشراف علاج مشكلات كالإهمال والتراخي في التنفيذ وكثرة الغياب والعناد وغيرها، وذلك بالتوجيه لا بالتأنيب .

والغرض من هذا الاستقصاء هو مساعدتك على تحديد ما لديك من نقاط قوة أو ضعف كمشرف أو موجه .

الاستقصاء:

1- ما مدى قدرتك على مناقشة مرؤوسيك في نواحي الأداء التي يجب عليهم تطويرها وتحسينها ؟
☐ قدرة كبيرة ☐ قدرة متوسطة ☐ قدرة ضعيفة

2- ما مدى قدرتك على تشجيع مرؤوسيك على التحدث معك حول مشكلات العمل، عندما يترددون أو يرغبون في مناقشتها؟
☐ قدرة كبيرة ☐ قدرة متوسطة ☐ قدرة ضعيفة

3- ما مدى قدرتك في مساعدة مرؤوسيك على تحديد أسباب المشكلات التي تواجههم في العمل ؟
☐ قدرة كبيرة ☐ قدرة متوسطة ☐ قدرة ضعيفة

4- ما مدى قدرتك في مساعدة مرؤوسيك على حل المشكلات التي تواجههم في العمل؟
☐ قدرة كبيرة ☐ قدرة متوسطة ☐ قدرة ضعيفة

5- ما مدى قدراتك في مساعدة مرؤوسيك على اتخاذ القرارات ؟
☐ قدرة كبيرة ☐ قدرة متوسطة ☐ قدرة ضعيفة

6- ما مدى قدراتك في أن تصبح حازما عندما يستدعي الموقف ذلك ؟
☐ قدرة كبيرة ☐ قدرة متوسطة ☐ قدرة ضعيفة

7- ما مدى قدرتك في إقناع مرؤوسيك بدون اللجوء إلى التهديد الصريح أو الضمني؟
☐ قدرة كبيرة ☐ قدرة متوسطة ☐ قدرة ضعيفة

8- ما مدى قدرتك على مساعدة مرؤوسيك الذين يعانون من مشكلات خاصة كالإدمان أو مشكلات عائلية أو التوتر ؟
☐ قدرة كبيرة ☐ قدرة متوسطة ☐ قدرة ضعيفة

9- ما مدى قدرتك على مساعدة مرؤوسيك على إنجاز أهداف العمل وفق الجدول الزمني المحدد ؟
☐ قدرة كبيرة ☐ قدرة متوسطة ☐ قدرة ضعيفة

10- ما مدى قدرتك على عدم جعل روتين العمل اليومي يشغلك عن تدريب وتوجيه مرؤوسيك ؟

قدرة كبيرة ❑ قدرة متوسطة ❑ قدرة ضعيفة ❑

11- ما مدى قدرتك على اتخاذ القرارات بدون التحيز القائم على أساس السن أو الجنس أو اللون أو الأصل أو الدين أو العلاقة الشخصية ؟

قدرة كبيرة ❑ قدرة متوسطة ❑ قدرة ضعيفة ❑

التعليمات:

1- أعط لنفسك 3 درجات في حالة الإجابة قدرة كبيرة، ودرجتان في حالة الإجابة قدرة متوسطة، ودرجة واحدة في حالة الإجابة قدرة ضعيفة.

2- أجمع درجاتك عن جميع الأسئلة.

تفسير النتائج:

أ - في حالة الحصول على 23 درجة فأكثر فأنت مشرف ممتاز. أنت تفهم المعنى السليم للإشراف وتطبقه في العمل. سوف تنجح في إدارة مرؤوسيك، وتحقيق الأهداف المطلوبة منكم.

ب- أما إذا حصلت على 12-22 درجة فأنت مشرف جيد. أحيانا تطبق المعنى السليم للإشراف وتقدم التوجيه والمساعدة لمرؤوسيك . وأحيانا أخرى تنسى ذلك. وتمارس الإشراف كنوع من السلطة والرقابة وتصيد الأخطاء. حاول أن تتغلب على نفسك في حبها للسلطة.

ج- وإذا حصلت على 11 درجة فأقل فأنت ذو قدرة إشرافية ضعيفة. يجب عليك أن تعرف أن الإشراف الفعال هو توجيه المرؤوسين وتدريبهم وتنمية مهاراتهم وقدراتهم لأداء العمل بشكل أفضل.

ننصحك بأن تشترك في أكثر من برنامج تدريبي عن الإشراف والتوجيه وفن قيادة الآخرين. ...

الفصل الثاني

أدوار ومهارات وأبعاد الإدارة

أشتمل هذا الفصل على:

- 📖 من هو المدير ؟
- 📖 أدوار المدير.
- 📖 مهارات الإدارة.
- 📖 أبعاد الإدارة.
- 📖 أنواع الإدارة.
- 📖 المتغيرات العالمية والإقليمية والمحلية.
- 📖 تحديات الإدارة في بيئة عالمية.
- 📖 مقومات المدير الناجح.
- 📖 استقصاء: هل أنت إداري جيد؟
- 📖 العادات السبع للمدير الفعال

من هو المدير ؟

يشير مصطلح المدير Manager إلى الشخص الذي يدير الأفراد والموارد في إحدى الأقسام أو الإدارات أو الفروع أو المواقع... أو حتى الذي يدير المنظمة ككل.

بمعنى أن المدير هو الشخص الذي يمارس مهنة الإدارة ووظائفها (صنع القرارات والتخطيط والتنظيم والتوجيه والرقابة)، وذلك لتحقيق الأهداف الخاصة بالقسم أو الإدارة أو الفرع أو الموقع أو المنظمة ككل.

ويعتبر المديرون الثروة الرئيسية لأي مشروع أو لأي منظمة. ويقول بيتر دراكر أن المديرين هم أغلى مورد، وتتناقص قيمتهم أسرع من أي شيء آخر، ويحتاجون إلى تطوير وتغيير مستمر. وقد يستغرق بناء مجموعة من المديرين عدة سنوات، ولكنها قد تستنزف في فترة قصيرة من إساءة الحكم.

ويمثل المديرون جزءا صغيرا من العاملين في المنظمة. فمعظم العاملين يؤدن أعمالا تنفيذية غير إدارية، والفرق بين المدراء وباقي العاملين هو أنه يتم تقييم المدراء على أساس درجة كفاءتهم وفعاليتهم في إدارة الأفراد والموارد بما يحقق الأهداف المخططة للمنظمة بصورة رشيدة.

وجميع المدراء يواجهون تحديات عديدة وعليهم إيجاد طرق أكثر كفاءة وفعالية لتحفيز العاملين من أجل زيادة إنتاجية وربحية المنظمة.

هذا وهناك عديد من التسميات التي تطلق على المدير في الحياة العملية وذلك حسب المستوى الإداري الذي يعمل به، فيطلق عليه رئيس المنظمة، ومدير قطاع، ومدير عام، ونائب مدير عام، ومدير عام مساعد، وذلك على مستوى الإدارة العليا. ويطلق عليه مدير ونائب مدير ومدير مساعد، وذلك على مستوى الإدارة الوسطى. ويطلق عليه رئيس، ونائب رئيس، ورئيس مساعد، ومشرف، وذلك على مستوى الإدارة الإشرافية.

أدوار المدير:

الدور Role هو: مجموعة الأنشطة والسلوكيات التي يتوقعها الآخرون من الفرد كممارس لهذا الدور ولكل فرد منا مجموعة من الأدوار في الحياة والعمل، منها: دوره كابن وزوج وأب... ودوره كموظف أو زميل أو رئيس أو مدير... ويوضح أحمد سيد مصطفى أن دور الفرد في العمل ينبع من طبيعة وظيفته أو مركزه التنظيمي، ويرتبط بمفهوم الدور مصطلحات إدارية مهمة، يمكن تحديدها كالتالي:

1- الأداء Performance:

يقصد بالأداء المهني: القيام بالشيء أو تأدية عمل محدد، أو إنجاز مهمة أو نشاط معين.

2- الأداء المهني Professional Performance:

يقصد بالأداء المهني: القيام بأعباء الوظيفة التي يقوم بها الشخص من مسؤوليات وواجبات، وفقا للمعدل المفروض أداؤه من العامل الكفء المدرب، هذا ويمكن معرفة هذا المعدل عن طريق تحليل الأداء.

3- تحليل الأداء Performance Analysis:

يقصد بتحليل الأداء: دراسة كمية العمل والوقت الذي يستغرقه، وإنشاء علاقة عادلة بينهما.

4- معدل الأداء Rate Performance:

يقصد بمعدل الأداء: كمية العمل التي ينجزها فرد واحد أو مجموعة من الأفراد خلال زمن معين، تحت الظروف الطبيعية للعمل، أو مقدار الزمن اللازم لإنجاز كمية العمل.

ويؤدي المديرون الوظائف الإدارية الرئيسية الخمس عن طريق وأثناء قيامهم بمجموعة متنوعة من الأدوار الإدارية Managerial Roles.

وتشير معظم كتب الإدارة إلى أن المديرين عليهم تغيير أدوارهم التقليدية والانتقال إلى ممارسة أدوارهم الحديثة والمعاصرة، فعلى سبيل المثال عليهم الانتقال من دور الإدارة Manage إلى دور القيادة Lead، ومن دور التحكم والضبط Control إلى دور التأثر Influence، ومن دور معطي التعليمات Instruct others، إلى الدور الميسر أو المسهل Facilitator، ومن دور تجنب المخاطر Risk Avoidance إلى دور إدارة المخاطر Management Risk، ومن العمل الفردي Individual إلى العمل الفريقي Team Work، ومن دور مالك المعلومات Information Shared، ومن دور المفوض Delegate إلى دور مانح القوة وتمكين المرؤوسين Empower.

هذا وهناك محاولات عديدة لتصنيف الأدوار المطلوبة من المدير، نذكر منها:

● المدير القائد، المدير مركز المعلومات، المدير حلال المشكلات، المدير مخصص الموارد، المدير المبدع الأول.

● المدير يعمل مع ومن خلال الآخرين، المدير يتحمل المسؤولية ويحاسب، المدير يحقق التوازن ويضع الأولويات، المدير يتخذ القرارات، المدير المفكر، المدير سياسي.

● المدير الزعيم (المثال والنموذج والوالد).

● المدير القائد (يوجه ويحفز ويحرك).

● المدير المراقب (يتابع ويحاور ويرشد ويصحح).

● المدير ضابط الاتصال (مركز وحلقة الوصل).

● المدير رجل الأعمال (يبحث عن فرص الاستثمار).

● المدير حلال المشكلات والأزمات (مبادر ومخطط).

● المدير موزع معلومات (يصمم ويدير نظام المعلومات).

● المدير مخصص موارد (يجيد الاستثمار).

وهناك من يحدد الأدوار الرئيسية للمدير في:

1- دور إداري يتمثل في المساهمة في العملية الإدارية كالتخطيط والتنظيم والتوجيه والرقابة.

2- دور يمثل فيه المنظمة في مواقف معينة سواء أمام العاملين أو أمام الغير.

3- تكوين علاقات أفقية بقصد التنسيق مع نظرائه في المنظمة أو خارجها.

4- دور إعلامي كمتابع ومتلق وناشرا أو ناقل للمعلومات بل ومتحدث رسمي.

5- دوره في عملية اتخاذ القرارات في مجالات متعددة.

6- دوره في مواجهة وعلاج المشكلات وحل الخلافات داخليا وخارجيا.

7- دوره في ترشيد واستخدام الموارد البشرية والمالية.

8- دوره في التنمية والتطوير.

هذا ويمكن تحديد ثلاثة أنواع رئيسية لأدوار المديرين كالتالي:

أولا: أدوار مرتبطة بصنع القرارات Decisional Roles:

ومن هذه الأدوار نذكر:

1- صانع القرارات.

2- متخذ القرارات.

3- المفاوض.

4- مخصص وموزع الموارد.

5- معالج الصراعات والاضطرابات.

ثانيا: أدوار متعلقة بالمعلومات Information Roles:

ومن هذه الأدوار نذكر:

1- جامع المعلومات.

2- مصدر المعلومات.

3- محلل المعلومات.
4- موزع المعلومات.
5- متابع/مراقب.
6- المتحدث الرسمي.

ثالثا: أدوار متعلقة بالعلاقات مع الآخرين Interpersonal Roles:

ومن هذه الأدوار نذكر:

1- القائد.
2- المرشد/الموجه.
3- حلال المشكلات.
4- الوسيط.حلقة اتصال.

وفي هذا السياق يؤكد محمد محمد إبراهيم على أربعة نقاط مهمة هي:

1- تتطلب وظيفة كل مدير أداء مزيج من هذه الأدوار.
2- غالبا ما تؤثر هذه الأدوار على خصائص العمل الإداري.
3- هذه الأدوار مترابطة بدرجة مرتفعة.
4- تتباين الأهمية النسبية لكل دور تباينا ملحوظا حسب المستوى الإداري وحسب الظروف التي تمر بها المنظمة.

وينبه بيتر دراكر Peter Drucker في هذا الشأن بأن معظم المديرين يضيعون أغلب وقتهم في ماليس بـ «إدارة» وعلى مدير المبيعات القيام بالتحليل الإحصائي أو بالتراضي ومهادنة عميل مهم، على ملاحظ العمال إصلاح الأدوات وكتابة تقرير الإنتاج، وعلى مدير التصنيع تصميم مصنع جديد وترتيب واختبار مواد جديدة.

كما يقوم رئيس الشركة بعمل تفاصيل قرض بنكي أو مناقشة عقد كبير، أو قضاء ساعات في حضور غداء، تكريما لموظف ذي خدمة طويلة. إن كل هذه الأشياء تنتمي إلى عمل خاص، وكلها ضرورية ويجب القيام بها بإتقان، إلا أنها بعيدة تماما عما يفعله

كل مدير مهما كان عمله ونشاطه, وبغض النظر عن رتبته ومركزه. ذلك هو العمل الذي يقوم به كل المديرين ويختصون به، ويمكننا أن نطبق التحليل المنظم للإدارة العلمية على عمل المدير، كما يمكننا عزل ما يقوم بعمله رجل لأنه مدير، وتقسيمه إلى عمليات مكونة له، وبذا يمكن لرجل أن يحسن أداءه كمدير بتحسين أدائه لهذه الأنشطة المكونة له.

مهارات الإدارة:

إن الإدارة هي عمل محدد ودقيق. ولهذا فهي تتطلب مهارات (Skills) محددة ودقيقة، وعلى المدير اكتساب عديد من المهارات التي تجعله قادرا على ممارسة الوظائف الإدارية الخمس والقيام بالأدوار الإدارية الثلاث السابق الحديث عنهم، ونذكر من تعريفات المهارة ما يلي:

1- السرعة والدقة في أداء عمل من الأعمال مع الاقتصاد في الجهد المبذول.

2- القدرة على عمل شيء معين لتحقيق هدف محدد.

3- القدرة على تحقيق الأهداف بفعالية.

4- مزيج من الخبرة المكتسبة من الأفعال أو الأنشطة بجانب القدرة الذهنية على تطبيق هذه الأفعال بفعالية وبراعة.

هذا ويمكن أن نقول: إن المهارة هي القدرة على استخدام المعرفة في تحقيق هدف معين بدقة وسهولة وسرعة وسلامة وأمان.

وفي ضوء ما سبق يمكن وضع المعادلة التالية:

المهارة = الرغبة (الاستعداد) + المعرفة + القدرة + الإتقان + السرعة

إن المهارة لا تكتسب لفظيا، وتظهر أثناء العمل والممارسة أو أثناء أداء المسؤوليات المكلف بها الفرد.

فاكتساب المهارات يتم عن طريق: الدراسة والمعرفة والفهم، ثم التدريب على ممارستها، ثم التثبيت لها.

هذا ويمكن تحديد ثلاث مهارات على أي مديرا اكتسابها، بل وإجادتها هي كالتالي:

1- مهارات فكرية Conceptual Skills:

المهارات الفكرية أو ما يطلق عليها في كتابات أخرى بالمهارات الإدارية أو الإدراكية، ويقصد بها القدرة على التفكير المنطقي المرتب، وتصور الأمور ورؤية الأبعاد الكاملة لأي مشكلة ما، وتحديد العلاقات بين المتغيرات المختلفة، ومن أمثلة المهارات الفكرية نذكر: مهارة التخطيط، مهارة تحليل المشكلات، مهارة القيادة، مهارة الإقناع، مهارة التفاوض، مهارة اتخاذ القرارات.

2- مهارات إنسانية Human Skills:

المهارات الإنسانية أو ما يطلق عليها في كتابات أخرى بمهارات الاتصال والتعامل مع الآخرين، ويقصد بها القدرة على التعامل الفعال الناجح مع الآخرين (مع الزملاء ومع المرؤوسين ومع الرؤساء ومع العملاء)، ومن أمثلة المهارات الإنسانية نذكر: مهارات الاتصال مع الآخرين، ومنها: مهارة الاتصال اللفظي (الشفهي والمكتوب)، ومهارة الاتصال غير اللفظي (مهارة لغة الجسم)، ومهارة كسب الآخرين وكسب احترامهم.

3- مهارات فنية Technical Skills:

المهارات الفنية يقصد بها القدرة على القيام بالعمل المطلوب بالشكل السليم، ومعرفة تسلسل هذا العمل وخطواته، والإجراءات اللازمة للقيام بالعمل المطلوب، ومن أمثلة المهارات الفنية نذكر: مهارة رصد وتحليل البيانات، مهارة استخدام الحاسب الآلي، ومهارة كتابة التقارير، مهارات العرض والتقديم، مهارة وضع ميزانية.

ويختلف المزيج الملائم من هذه المهارات باختلاف المستوى الإداري للشخص المسؤول، والشكل التالي يوضح توزيع المهارات المطلوبة على مستويات الإدارة المختلفة:

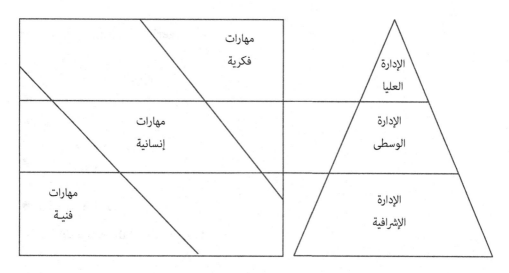

شكل رقم (4)

مهارات الإدارة

وكما هو واضح من الشكل أنه كلما تدرج الشخص وظيفيا إلى أعلى فهو يحتاج إلى اكتساب مهارات فكرية أكثر، وأنه كلما اتجهنا إلى أسفل الهرم أو الهيكل التنظيمي كلما احتاج الشخص مهارات فنية أكثر، أما مساحة أو ثقل المهارات الإنسانية فهي واحدة لجميع المستويات الإدارية.

ويرى بيتر دراكر أن على المدير اكتساب المهارات الإدارية التالية:

1- اتخاذ القرارات الفعالة.

2- تبادل الفكر والمعلومات في داخل المنظمة وخارجها.

3- الاستخدام السليم للرقابة والمقاييس.

4- الاستخدام السليم للأدوات التحليلية الخاصة بعلوم الإدارة.

يرى المؤلف أن مهارات الإدارة يمكن تصنيفها إلى ثلاث مهارات كالتالي:

1- **مهارات إدارية Managerial Skills:**

مثل:

- مهارة صنع واتخاذ القرارات.
- مهارة التخطيط.
- مهارة التنظيم.
- مهارة التوجيه والإشراف.
- مهارة الرقابة.
- مهارة إدارة الوقت.
- مهارة إدارة الأزمات.

2- **مهارات قيادية Leadership Skills:**

مثل:

- مهارة التأثير في الآخرين.
- مهارة الإقناع.
- مهارة بناء وإدارة فرق العمل.
- مهارة إدارة الاجتماعات.
- مهارة توفير فرص النمو للآخرين.

3- **مهارات إدارة الذات Self Management Skills:**

مثل:

- مهارة فهم الذات/إدراك الذات.
- مهارة تقييم الذات.
- مهارة محاسبة الذات.
- مهارة حفز الذات.
- مهارة تطوير وتنمية الذات.
- مهارة تقديم الذات بطريقة إيجابية.

نقطة أخيرة بشأن هذه المهارات هي أنه لا يمكن لأي مدير أن يبرع في هذه المهارات جميعا، إلا أنه يجب على كل مدير أن يفهم ماهية هذه المهارات، وما يمكنها القيام به لصالحه، وما تتطلب هذه المهارات منه ويحتاج كل مدير إلى معرفة أساسية للمهارات الإدارية الضرورية.

أبعاد الإدارة

في ضوء ما سبق يمكن تحديد ثلاثة أبعاد للإدارة هي كالتالي:

● البعد الأول: مهمة الإدارة.

● البعد الثاني: وظائف الإدارة.

● البعد الثالث: العمليات الإدارية.

وتمثل العمليات الإدارية التخصص الفني للأنشطة الإدارية المختلفة من تمويل وأفراد وإنتاج وتسويق ومشتريات، هذه الأبعاد الثلاثة تتفاعل مع البيئة Environment المحيطة بالمنظمة، والتي يمكن تحديد أنواعها كالتالي:

1- البيئة الداخلية Internal:

وتشمل مجموعة العوامل الداخلية التي تؤثر على الأداء الإداري بالمنظمة، مثل: قنوات الاتصال وأهداف المنظمة، ونطاق ومجال عمل المنظمة والإدارات والأقسام بالمنظمة وثقافة المنظمة.

2- البيئة الخارجية External:

والتي تتكون من العوامل الاقتصادية والاجتماعية والمادية والقانونية والثقافية القائمة في المجتمع، والتي تؤثر سواء بالإيجاب أو بالسلب على المنظمة.

ويمكن تصنيف البيئة الخارجية إلى الأنواع التالية:

أ-   البيئة الاقتصادية.

ب-   البيئة الاجتماعية.

ج-   البيئة المادية والفنية.

د-   البيئة القانونية والحكومية.

هـ-   البيئة الثقافية.

ويمكن التعبير عن أبعاد الإدارة والبيئات التي تمارس من خلالها في الشكل التالي:

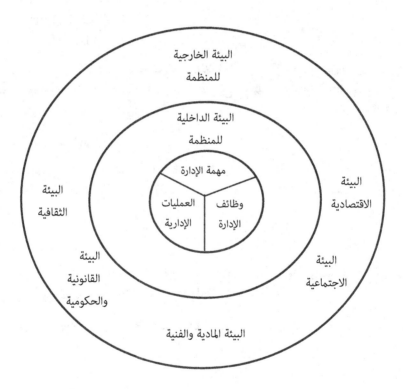

شكل رقم (5)

أبعاد الإدارة والبيئات التي تمارس من خلالها

أنواع الإدارة:

يوجد أنواع عديدة للإدارة، ويمكن وضع التصنيف التالي - المرتبط بموضوع الكتاب - لأنواع الإدارة كالتالي:

1- الإدارة العامة.
2- إدارة القطاع العام.
3- إدارة الأعمال.
4- الإدارة الدولية.
5- إدارة منظمات المجتمع المدني.

ويقصد بالإدارة العامة أو الحكومية Public Administration: النشاط الذي يتعلق بتنسيق الجهود الفردية والجماعية لتنفيذ سياسة عامة.

والإدارة العامة في إطار هذا المفهوم تعني تنفيذ السياسة العامة للدولة وإخراجها إلى حيز الواقع، وهي بذلك تمثل مجموع النشاط والعمل الحكومي الموجه نحو أداء الخدمات العامة Public Sector Administration فيقصد بها إدارة المؤسسات العامة بالدولة، وتعرف المؤسسة العامة بأنها مشروع اقتصادي عام، له شخصية معنوية تملكه الدولة، وتديره بأساليب تختلف عن الإدارة التقليدية للجهاز الحكومي، وذلك لسد حاجة عامة من حاجات المجتمع.

ومن الخصائص المهمة لهذه المؤسسات العامة هو تحررها من الروتين الحكومي في إجراءات التعاقد والشراء والتوظيف والتعامل مع رأس المال.

وبالنسبة لإدارة الأعمال Business Administration فهي الإدارة المهتمة بأوجه النشاط الاقتصادي الخاص (Private) الهادف إلى تحقيق الربح Profit .

ومن أنواع الإدارة أيضا الإدارة الدولية International Administration والتي يقصد بها إدارة المنظمات التي لها صفة دولية أو إقليمية، والتي لا تتبع أيا من الحكومات الأعضاء بها، ومن أمثلة هذه المنظمات: (منظمة الأمم المتحدة والمنظمات المتخصصة

التابعة لها، مثل: (منظمة اليونسيف ومنظمة اليونسكو ومنظمة الصحة العالمية، وجامعة الدول العربية ومنظمة الدول الإفريقية).

أما إدارة منظمات المجتمع المدني Society Organizations Administration For the Civil فيقصد بها: أوجه النشاط الإداري الذي يتوافر في منظمات المجتمع المدني: مثل: (الجمعيات الأهلية والنقابات المهنية والعمالية والأندية الرياضية).

وفي ضوء ذلك فإن إدارة الجمعيات الأهلية Administration for Voluntary Associations تعتبر جزءا أو نوعا من أنواع إدارة منظمات المجتمع المدني.

وبصفة عامة فإن إدارة منظمات المجتمع المدني تختلف عن الإدارة العامة في أنها لا تهدف إلى تقديم خدمات عامة، وإنما تهتم بخدمة فئة خاصة أو معينة من المواطنين، وتختلف أيضا عن إدارة الأعمال من حيث أنها لا تهدف إلى تحقيق الربح بمفهومه العام، وإنما توجه دخلها نحو رعاية المنتمين إليها هم وأسرهم.

هذا ويمكن تقويم نجاح إدارة منظمات المجتمع المدني بمؤشرات عدة، منها: مدى رضاء الأعضاء المنتمين إلى المنظمة، هذا الرضا يمكن ملاحظته عادة من نتائج عملية الانتخاب الدورية لأعضاء مجالس الإدارة أو من قرارات الجمعية العمومية أو برضا الجمهور المستفيد.

المتغيرات العالمية والإقليمية والمحلية:

وأيا كان نوع الإدارة فإنها لابد أن تراعي وتدرس وتستفيد من جميع المتغيرات المحلية والإقليمية والعالمية المحيطة بها، بل عليها أن تسهم في إحداث هذه المتغيرات لا أن تكون دائما رد فعل لها، **ومن المتغيرات العالمية، نذكر:**

1- نحن في عصر العولمة.

2- نحن في عصر المعلومات.

3- نحن في عصر إدارة الجودة الشاملة.

4- نحن في عصر حماية البيئة.

5- نحن في عصر التقدم التكنولوجي.

6- نحن في عصر التكتلات الاقتصادية والسياسية والعسكرية.

7- نحن في عصر إدارة بلا أوراق.

8- نحن في عصر الإدارة على المكشوف أو الإدارة المفتوحة.

9- نحن في عصر الإدارة فائقة السرعة.

ومن المتغيرات الإقليمية والمحلية، نذكر:

1- زيادة الرغبة في التنمية.

2- زيادة الاهتمام بالمجتمع المدني Civil Society.

3- زيادة قوة التطلعات الشعبية والتوقعات الجماهيرية.

4- استمرار مسؤولية الدولة عن تحقيق مفهوم الدولة الإيجابية Positive State أو دولة الرفاهية Welfare State بمعنى مسؤوليتها عن تحقيق الحد الأدنى من مستوى المعيشة المناسب لجميع المواطنين وتحمل الدولة عبء تقديم الخدمات الأساسية لهم مع مراعاة عدم التمييز أو التفرقة فيما بينهم.

5- النمو الحضاري السريع.

6- الزيادة السكانية بمعدلات تفوق معدلات التنمية.

7- سوء توزيع السكان.

موقف الإدارة من هذه المتغيرات:

وعلى الإدارة أن تستجيب لهذه المتغيرات من خلال قيامها بالمهام والأدوار التالية:

1- دراسة هذه المتغيرات، دراسة علمية موضوعية دقيقة.

2- فهم هذه المتغيرات، بشكل عقلاني وموضوعي ومتعمق.

3- الاستجابة البناءة والإيجابية لهذه المتغيرات.

4- العمل على إحداث التغيير واستثماره.

5- العمل على تحقيق النمو المستمر.

6- التخلص من القوالب التنظيمية الجامدة.

7- السعي إلى التميز بتعبئة واستثمار كل الطاقات.

8- الحرص على تطبيق أساليب ومبادئ إدارة الجودة الشاملة، وعلى رأسها كسب رضاء العملاء.

9- تبني مفهوم الابتكار والإبداع والاختراع.

10- تبني خصائص المنظمة المتعلمة - القادرة على التعلم Learning Organization .

11- تبني مفاهيم القيادة المتطورة.

12- الإيمان بأهمية العلاقات الإنسانية والرعاية الاجتماعية ودورهما في زيادة الولاء والانتماء التنظيمي وزيادة الإنتاجية لدى أي منظمة.

تحديات الإدارة في بيئة عالمية:

في ضوء ما سبق يمكن رصد بعض تحديات الإدارة في الوقت المعاصر كما يلي:

1- الإبداع، الابتكار، الاختراع.

2- التنافس القطري، الإقليمي، العالمي.

3- الشركات متعددة الجنسيات.

4- الجودة الشاملة.

5- المسؤولية الاجتماعية تجاه خدمة المجتمع.

6- التدخل الحكومي.

7- مطالب النقابات العمالية.

8- التقدم التكنولوجي.

9- التقدم في الحاسبات الآلية.

وكمثال على تأثير مثل هذه المتغيرات والتحديات على مهنة الإدارة، نذكر العلامات التالية:

● ستؤثر تداعيات ثورة المعلومات والاتصالات على نمط الأداء الإداري وعلى العلاقات التنظيمية. ويكفي في هذا الصدد الإشارة على سبيل المثال إلى ما أتاحه ربط جهاز الحاسب الآلي بجهاز الموديم Modem مع جهاز التليفون من إمكانية نقل أي من صيغ المعلومات من حاسب طرف مرسل إلى حاسب الطرف المستقبلي عبر الاتصال التليفوني والبريد الإلكتروني.

● ويشير أيضا أحمد سيد مصطفى بأن كثيرا من الشركات وخاصة في الغرب - بناء على هذا التقدم التقني في مجال المعلومات - سمحت لموظفيها بإنجاز بعض الأعمال خارج مكاتبهم، ربما في منازلهم، وإرسال نتائج العمل اليومي أو الأسبوعي عبر هذه الأجهزة إلى رؤسائهم.

● كذلك يتوقع أن يظهر الجيل الخامس من الحاسبات الآلية، فيتمكن من تصميم البدائل ذاتيا وتقييمها، وتقديم توصيات لصناع القرار، بدلا من قيام مصمم البرامج بتحديد البدائل. وسيؤدي ذلك لعمق أكبر في تطور التصميمات الخاصة بالسلع وفي الاتصالات والمعلومات؛ بحيث تتعمق وتكتمل ظاهرة عالمية الأسواق المالية والنقدية والتجارية (Globalization).

● ويشير أحمد سيد مصطفى إلى أن هذه الظاهرة ستؤدي إلى تجاوز الحواجز الجغرافية والسياسية والثقافية التي تعوق عمليات التبادل الدولي ثقافيا وتجاريا وفنيا وتسويقيا، ولا شك أن هذا يتطلب تعزيز القدرات التنافسية للمنظمات العربية في هذه السوق العالمية.

● لم يحدث في تاريخ البشرية من قبل أن برز على سطح المجتمع تيار فكري واقتصادي وسياسي واجتماعي وثقافي، أثار من الجدل والحيرة والقلق والتوجس مثلما فعل التيار الذي أطلق عليه مصطلح «العولمة» (Globalization).

● فالعولمة تيار لم يقننه فلاسفة أو مفكرون، ثم قدموه للناس على أنه نظرية أو مذهب جديد يسعى إلى دمج العالم في منظومة متكاملة، بل تيار تدفق كنتيجة طبيعية لانهيار الاتحاد السوفييتي، وانتهاء عصر القطبية الثنائية، وثورة المعلومات التي جعلت من العالم قرية كونية صغيرة، وتضخم وتطور الشركات العملاقة المتعددة الجنسيات.

ومع بروز هذا التيار منذ أوائل تسعينات القرن العشرين، هرع المفكرون الاستراتيجيون والسياسيون والاقتصاديون والاجتماعيون إلى تقنينها في إطار منهجي متبلور، وسعى بعضهم إلى تقديمها كنظرية حتمية لا يمكن تجاهلها أو تجنبها على المستوى التطبيقي الدولي.

وفي البداية يمكن أن نرحب بالعولمة إذا كانت تهدف إلى إزالة الحواجز بين الناس وتحقيق الوئام والتبادل الحضاري بين الشرق والغرب بما يساهم في تحقيق التقدم لجميع الدول.

كذلك نحن نرحب بالعولمة إذا كان هدفها تحقيق التعارف والتواصل المتبادل بين الشعوب بدون حواجز فيما بينهم، وأن تساهم في تبادل المنافع دون ظلم وعلى أساس من العدل.

لكن الذي لا نقبله أن يكون هذا التبادل بطريقة تقوم على الظلم واستغلال حاجة المحتاج وإلحاق الضرر ببعض الشعوب وإضعاف الهوية الوطنية وتقويض الإيمان الديني.

إن الغرب يحاول تشويه صورة الإسلام والمسلمين، ويربط في كثير من الأحيان بين الإسلام والإرهاب، وتحميل المسلمين مسؤولية توتر العلاقة بين الإسلام والغرب، ويقوم بعض المفكرين في هذه الدول باستثارة صناع القرار في الولايات المتحدة الأمريكية ودول أوروبا الغربية ضد الدول الإسلامية.

ومهمة المسلمين مقاومة هذه الحملة الشرسة ضد الإسلام والمسلمين والرد على

إدعاءات الغرب بشكل علمي ومنطقي وهادئ يدل على سماحة الإسلام والمسلمين؛ وذلك في مختلف وسائل الإعلام المتاحة لنا في الغرب مع استخدام لغاتهم في توصيل الرسالة لتسهيل الفهم لديهم، وبالتالي نوضح الصورة الحقيقية للإسلام.

كذلك على المسلمين مراعاة ظروف الزمان والمكان ومسايرة روح العصر والاستجابة لحاجات البيئة والعصر، وتوخي جلب المصالح ودفع المفاسد بما ينسجم مع الهيكل التشريعي القائم، والالتزام بالأصول العامة للشريعة الإسلامية.

وفي ضوء تحديات عصر العولمة فلا يجوز أن يقودنا هذا التيار الجارف إلى أن نذوب فيه ونفقد الهوية الإسلامية العربية الخاصة بنا، كما لا يجوز أن نعزل أنفسنا عن عالمنا الذي نعيش فيه، فهذا الانعزال في عالم اليوم قد أصبح أمرا مستحيلا، ومن هنا فإن علينا أن نكون إيجابيين ومشاركين في التطورات التي تحدث من حولنا لا أن نكون مجرد تابعين أو متفرجين.

مقومات المدير الناجح:

لقد أجريت العديد من البحوث والدراسات لتحديد سمات المدير الناجح، وتوصلت إلى مجموعة كبيرة ومتنوعة من السمات التي يجب على أي مدير أن يتحلى بها ويكتسبها ليس فقط من خلال خبرات العمل، بل أيضا بواسطة الدورات التدريبية وحضور المؤتمرات والندوات وقراءة كتب ومجلات الإدارة، بل وكتب ومجلات علم النفس وعلم الاجتماع والعلاقات العامة والتخطيط.

وكل هذه البحوث والدراسات كان الهدف الرئيسي لها هو محاولة تحقيق مبدأ وضع الرجل المناسب في المكان المناسب.

إن المدير الناجح يحقق النجاح لنفسه ولجماعة العاملين معه وللمؤسسة التي يعمل بها والعكس صحيح. المدير الناجح المتميز هو الذي يحاول تطوير نفسه، كما يحاول تحقيق الأهداف بكفاءة وفعالية.

والآتي شرح لمفهوم كل من الكفاءة والفعالية.

لقد تعددت الآراء واختلفت أحيانا في تعريف مصطلحي الكفاءة والفعالية، وببساطة يمكن تحديد معنى كل منهما كالتالي:

أولا: الكفاءة Efficiency:

يقصد بالكفاءة: حسن الاستفادة من الموارد Utilizing Resources، فالإدارة عليها مسؤولية استخدام العناصر البشرية والمالية والمادية أحسن استخدام - أي بكفاءة.

كذلك تشير الكفاءة إلى قدرة الفرد على تطبيق ما تعلمه بشكل سليم يتصف بالدقة والإتقان مع مراعاة البعد الإنساني في التعامل مع الآخرين.

والمدير الكفء هو ما لديه القدرة على أداء العمل المطلوب منه بمهارة مع ضرورة التعامل الإنساني مع الزملاء والمرؤوسين والعملاء أو الجمهور. كذلك كلمة «كفء» تعني أكثر من مجرد «بارع» إنها تعني أن يكون الموظف:

1- بارعا.
2- مؤهلا.
3- منتجا.

كما تعني أن يكون:

1- عارفا بمقومات الوظيفة.
2- قادرا على أداء مهام الوظيفة.
3- مجتهدا ونشطا ومتحركا.
4- قادرا على التعامل مع الآخرين بنجاح.

ويمكن قياس الكفاءة من خلال المعادلتين التاليتين:

> الكفاءة = المخرجات ÷ المدخلات > واحد صحيح.
>
> الكفاءة = إجمالي العائد ÷ إجمالي التكاليف > واحد صحيح.

ثانيا: الفعالية Effectiveness:

لغويا يشتق لفظ الفعالية من فعال أو نافذ المفعول، ويأتي من الفعل فعلا فعلا، وافتعل الشيء أي ابتدعه والاسم منه الفعل، كما تعني أيضا الأمر الفعال أو نافذ المفعول والتأثير.

توضح التعريفات المتاحة عن مصطلح الفعالية أنه يعني:

1- حسن اختيار العناصر الملائمة لتحقيق النتائج المقررة.
2- القدرة على تحقيق النتيجة المقصودة طبقا لمعايير محددة سلفا.
3- تحقيق النتائج أو الوصول إلى الأهداف Reaching Goals.
4- درجة استجابة مخرجات النسق - سواء سلع أو خدمات - لمطالب واحتياجات المجتمع أو الملاء.

هذا ويمكن قياس الفعالية من خلال المعادلة التالية:

الفعالية = النتائج ÷ الأهداف > واحد صحيح.

هذا وعندما تنجح الإدارة في تحقيق الكفاءة والفعالية تصبح الإدارة جيدة، وعندما تنجح واحدة وتفشل الأخرى تصبح متوسطة، وعندما تفشل في الناحيتين معا تصبح الإدارة سيئة.

والشكل رقم (6) يوضح ذلك:

55

	كفء	كفء
كفء	غير فعال	فعال
	إدارة ضعيفة	إدارة جيدة
	غير كفء	غير كفء
غير كفء	غير فعال	فعال
	إدارة سيئة	إدارة متوسطة

الكفاءة (الاستفادة من الموارد)

غير فعال   فعال

الفعالية (تحقيق الأهداف)

شكل رقم (6)

الإدارة بين الكفاءة والفعالية

56

استقصـاء: هل أنت إداري جيد ؟

الإدارة علم وفن توفير التعاون والتنسيق بين العناصر البشرية والموارد المالية والمادية لتحقيق الأهداف بصورة رشيدة، أي في أقل وقت وجهد وتكاليف.

ويواجه الإداري في حياته اليومية، ومن خلال ممارسته لوظائفه المختلفة، العديد من المشكلات التي تتراوح بين البساطة والتعقيد. ولمواجهة هذه المشكلات بكفاءة وفاعلية، لابد من أن تتوافر لديه مجموعة من السمات والمهارات وفن التعامل مع الآخرين، والتفكير الابتكاري، وكذلك الثقة في النفس، المرونة في أداء العمل، القدرة على التنظيم، وفهم الآخرين ودوافعهم، والآخذ بزمام المبادرة دائمًا.. وسعة الأفق .

إذا أردت أن تعرف هل أنت إداري جيد أم لا، هنا أسئلة للإجابة عنها:

الاستقصاء:

1- هل لديك الرغبة في التفرق والتميز؟

نعـم ☐ أحيانا ☐ لا ☐

2- هل لديك قدرة واضحة على تنظيم العمل؟

نعـم ☐ أحيانا ☐ لا ☐

3- هل تتصف بالمرونة في أداء العمل؟

نعـم ☐ أحيانا ☐ لا ☐

4- هل أنت مخلص للإدارة أو للمؤسسة التي تعمل فيها؟

نعـم ☐ أحيانا ☐ لا ☐

5- هل أنت راض عن إدارة شئون مكتبك؟

نعـم ☐ أحيانا ☐ لا ☐

6- هل تحافظ على وعودك للعملاء؟

نعـم ☐ أحيانا ☐ لا ☐

7- هل أنت لطيف مع زملائك؟

نعم ☐   أحيانا ☐   لا ☐

8- هل أنت لطيف مع العملاء؟

نعم ☐   أحيانا ☐   لا ☐

9- هل تعمل بجد ونشاط؟

نعم ☐   أحيانا ☐   لا ☐

10- هل من السهل التحدث إليك أو مقابلتك؟

نعم ☐   أحيانا ☐   لا ☐

11- هل تنصت إلى الآخرين باهتمام وتفهم؟

نعم ☐   أحيانا ☐   لا ☐

12- هل تدرس لتزيد معلوماتك عن مهنتك؟

نعم ☐   أحيانا ☐   لا ☐

13- هل حديثك مع الآخرين بسيط ومباشر؟

نعم ☐   أحيانا ☐   لا ☐

14- هل تجد متعة في التخطيط المسبق للمهام الموكلة إليك؟

نعم ☐   أحيانا ☐   لا ☐

15- هل تصدر القرارات بعد جمع المعلومات المطلوبة واستشارة العاملين معك في المؤسسة؟

نعم ☐   أحيانا ☐   لا ☐

16- هل تفرح عندما ينجح الآخرون؟

نعم ☐   أحيانا ☐   لا ☐

17- هل توحي بالثقة إلى الآخرين؟

نعــم ☐   أحيانا ☐   لا ☐

18- هل تثق في العاملين معك في المؤسسة؟

نعــم ☐   أحيانا ☐   لا ☐

التعليمات:

1- أعط لنفسك درجتان في حالة الإجابة بـ «نعم».
2- أعط لنفسك درجة في حالة الإجابة بـ «أحيانا».
3- أعط لنفسك صفرا في حالة الإجابة بـ «لا».
4- اجمع جميع درجاتك عن جميع الأسئلة.

تفسير النتائج:

أ- إذا حصلت على 28 درجة فأكثر، فأنت شخص إداري جيد، تعرف كيف تدير من تعمل معهم. ننصحك بالاستمرار على المسار نفسه، وبأن تحاول تنمية المهارات الابتكارية لديك ولدى العاملين معك.

ب- إذا حصلت على 20 - 27 درجة، فأنت شخص إداري بدرجة متوسطة. ننصحك بمراجعة إجاباتك عن جميع الأسئلة، حتى تعرف أين مواطن الضعف في أسلوب إدارتك، وحاول أن تتغلب عليها بالإرادة والمحاولة والتدريب.

ج- إذا حصلت على 19 درجة فأقل، فأنت شخص غير إداري، ننصحك بترك مكانك لشخص آخر أكفأ منك. لا تغضب من هذه الصراحة، فهذه النصيحة القاسية ستنفذك من فقد عملك نهائيا، وتنقذ المؤسسة التي تعمل فيها من خسارة كبيرة.

العادات السبع للمدير الفعال:

The Seven Habits for the Effective Manager

في كتابه عن العادات السبع لأكثر الناس فعالية، حدد ستيفن كوفي Stephen Covy (2004) سبعة عادات يمكن أن يسلكها المديرون بما يجعلهم متميزين في أدائهم لأدوارهم ووظائفهم، هي كالتالي:

1- Be Proactive.

2- Begin with the End in Mind

3- Put First Things Fist.

4- Think Win / Win.

5- Seek First to Understand, then to be Understandable by others.

6- Sharpen the Energy.

7- Smiling.

الفصل الثالث

أسـس الأداء المتميـز

أشتمل هذا الفصل على:

📖 مقدمة.

📖 مفهوم مصطلح الأداء.

📖 مفهوم التميز.

📖 نماذج التميز.

📖 التميز على مستوى الفرد.

📖 التميز في العمل.

📖 الأداء الإداري المتميز.

📖 مداخل فعالية الأداء.

📖 أسرار قوة الأداء.

📖 إستراتيجيات التميز.

📖 إدارة التميز.

📖 مفاتيح إدارة التميز.

📖 استقصاء: هل أنت مدير متميز ؟

61

« يعمل الناس من أجل المال. ويعملون أكثر قليلا من أجل الإطراء والإشادة والاعتراف والمكافآت».

(ديل كارنيجي)

مقدمـة:

إدارة الجودة الشاملة فلسفة إدارية جديدة ذات معالم متميزة يمكن رصد أهمها في التالي:

1- قبول التغيير والتعامل معه باعتباره حقيقة.

2- التركيز على جودة السلعة والخدمة.

3- كسب رضاء العملاء بل ومحاولة إسعادهم.

4- السعي إلى تحقيق الأداء المتميز.

5- الاهتمام بالعميل الداخلي (العاملين) وإشراكهم في جميع مراحل العمل (الدراسة/ التخطيط/ التنفيذ/ التقويم).

6- الأخذ بمفاهيم العمل الجماعي والفريقي.

7- توفير قاعدة بيانات متكاملة.

8- القيادة الفعالة.

من خلال هذه المبادئ والأسس، يتضح لنا أن تحقيق الأداء المتميز Excellence or Competency Performance يسهم في تحقيق جودة السلعة أو الخدمة، وفي تحقيق العمل المطلوب بشكل صحيح من أول مرة، وتقليل الأخطاء والعيوب والمشكلات، وتقليل الفاقد من الجهد والوقت والموارد...

ويحاول الفصل الحالي شرح أسس الأداء الإداري المتميز بهدف التأكيد على ضرورة التزام العاملين والقيادات في المنظمات بهذه الأسس، إذا أرادوا تحقيق التميز وتطبيق مبادئ إدارة الجودة الشاملة...

مفهوم مصطلح الأداء: Performance

لم يظهر مفهوم «الأداء» بشكل مباشر في مدرسة العمليات الإدارية كما جاءت في كتابات أئمتها. فالعملية الإدارية في هذه المدرسة - كما يشير عبد الباري إبراهيم درة - تتكون من العمليات الفرعية المتعاقبة التالية وهي التخطيط والتنظيم والتوظيف والتوجيه (القيادة) والرقابة. وكان يشار إلى تقييم أداء العاملين ومدى تحقق العمليات الفرعية الأخرى عند معالجة موضوع التوظيف أو الرقابة.

وعندما ازداد نمو المنظمات واتسع نطاق عملها احتل موضوع «تقييم الأداء» جزءا من اهتمام المفكرين والممارسين، وأصبح هذا الموضوع محور عدد من الدراسات الأكاديمية، كما تطورت النظرة إليه باعتباره عملية من العمليات الأساسية في إدارة الموارد البشرية أو شئون الموظفين Personnel Management مثل التخطيط للموارد البشرية، والاختيار والتعيين، وتحديد الرواتب والأجور وغيرها من العمليات.

ويقرر عبد الباري إبراهيم درة أنه عندما زاد الاهتمام بالتدريب في الخمسينيات والستينيات من القرن العشرين ارتبط الاهتمام بالأداء بالعناية بتحليل وتحديد الحاجات التدريبية Analysis and Identification of Training Needs، كما كان تقييم أداء العاملين أحد المداخل لتحديد الحاجات التدريبية الفردية والتنظيمية.

وعندما غزت المدرسة السلوكية الفكر الإداري منذ الأربعينيات من القرن العشرين برز الحديث عن ارتباط رضا العاملين بأدائهم ودار نقاش موسع حول السؤال التالي: هل يؤدي رضا العاملين إلى ارتفاع مستوى الأداء في المنظمة أم العكس هو الصحيح؟ بمعنى أن يكون الأداء الجيد وسيلة من وسائل زيادة رضا العاملين. ولا يزال الجدل دائرا حول هذا الموضوع.

ومنذ منتصف القرن العشرين كثر عدد المنظمات وتعقدت أعمالها ووظائفها، وازداد عدد العاملين وتعقدت حاجاتهم وطموحاتهم، وشهد العالم أحداثا سياسية واجتماعية واقتصادية خطيرة، وقامت ثورات علمية وتكنولوجية هائلة، واستقلت

الدول النامية وسعت إلى إحداث تنمية شاملة في مجتمعاتها، وظهرت فيها محاولات وحركات للتطوير والتجديد أطلق عليها أسماء مختلفة مثل الإصلاح الإداري أو التطوير الإداري أو التنمية الإدارية.

وعلى صعيد الفكر الإداري ظهرت مدارس واتجاهات وحركات عديدة كان الأداء وتحسينه محورا رئيسيا من محاور اهتمامها. ومن هذه المدارس والاتجاهات والحركات نذكر منها على سبيل المثال: مدرسة العلاقات الإنسانية، وحركة الإدارة بالأهداف والنتائج، ومدرسة الإدارة بالمشاركة، وحركة التطوير التنظيمي، وتنمية الموارد البشرية، ومدرسة إدارة الجودة الشاملة، وحركة المنظمات التي تتعلم ...

هناك العديد من العوامل التي يجب أخذها في الاعتبار عند التعامل مع السلوك الإنساني؛ حيث إن هذا السلوك هو دالة لمزيج من المتغيرات المرتبطة بالفرد من ناحية وخصائص المنظمة التي يعمل بها من ناحية أخرى. ويوضح الشكل رقم (7) الأداء أو السلوك Behaviour كمحصلة لخصائص الفرد وخصائص المنظمة:

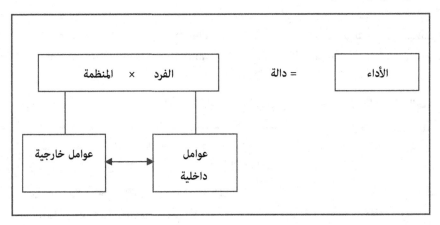

شكل رقم (7)

العوامل المؤثرة على الأداء

ويمكن إعطاء أمثلة على العوامل الداخلية المرتبطة بالفرد كالتالي:

1- الحاجات.

2- الدوافع.

3- الحالة المزاجية.

4- الاتجاهات.

5- المعارف.

6- المهارات.

7- الخصائص الجسمية.

كذلك من أمثلة العوامل الخارجية المرتبطة بالمنظمة نذكر:

1- أهداف المنظمة.

2- سياسات المنظمة.

3- ثقافة المنظمة.

4- نظم الثواب والعقاب في المنظمة.

5- الهيكل التنظيمي للمنظمة.

6- عوامل مرتبطة بالمواقف.

7- نمط القيادة في المنظمة.

هذا ويمكن تعريف مصطلح الأداء بأنه القيام بالشيء أو تأدية عمل محدد أو إنجاز مهمة أو نشاط معين، بمعنى أن الأداء هو: قيام الشخص بسلوك ما، وذلك لتحقيق هدف محدد، فقد يكون إشباع حاجة معينة أو حل مشكلة ما أو التخطيط لمشروع ما...... وفي إطار المؤسسة أو التنظيم يمكن تعريف الأداء بأنه المخرجات ذات القيمة التي ينتجها النظام في شكل سلع وخدمات.

وبصفة عامة فإن أداء الفرد عبارة عن محصلة تفاعل القدرة مع الرغبة مع البيئة.

$$\text{الأداء} = \text{القدرة} \times \text{الرغبة} \times \text{البيئة}$$

وتتمثل القدرة في قدرة الفرد على القيام بعمله ويعتمد ذلك على:

1- التعليم.

2- التدريب.

3- الخبرات.

بينما تمثل الرغبة رغبة الفرد في القيام بعمله ويعتمد ذلك على:

1- دوافع العمل.

2- حوافز العمل.

بينما تمثل البيئة مجموعة العوامل الداخلية والخارجية التي تؤثر على الأداء. ومن العوامل الداخلية نذكر: أهداف المنظمة، قنوات الاتصال بها، إدارات وأقسام المنظمة، الموارد المتاحة للمنظمة، ... ومن العوامل الخارجية نذكر: العوامل الاقتصادية والاجتماعية والثقافية والسياسية والطبيعية التي تؤثر على أداء المنظمة ككل بالإيجاب أو بالسلب.

ويرتبط بمفهوم الأداء مصطلحات عديدة منها على سبيل المثال الآتي:

1- الأداء المهني Professional Performance

يقصد بالأداء المهني القيام بأعباء الوظيفة التي يقوم بها الشخص من مسئوليات وواجبات، وفقا للمعدل المفروض أداؤه من العامل الكفء المدرب: هذا ويمكن معرفة هذا المعدل عن طريق تحليل الأداء.

2- تحليل الأداء: Performance Analysis

يقصد بتحليل الأداء دراسة كمية العمل والوقت الذي يستغرقه، وإنشاء علاقة عادلة بينهما.

3- معدل الأداء: Performance Rate

يقصد بمعدل الأداء كمية العمل التي ينجزها فرد واحد أو مجموعة من الأفراد خلال زمن معين تحت الظروف الطبيعية للعمل، أو مقدار الزمن اللازم لإنجاز كمية العمل.

مفهوم التميز:

يشير مفهوم التميز Excellence لدى الفرد – كما يشرح علي السلمي – إلى قدرته على إنجاز نتائج غير مسبوقة يتفوق بها على نفسه وعلى الآخرين، وأن يتحاشى قدر الإمكان التعرض للخطأ، أو الانحراف من خلال الاعتماد على وضوح الرؤية، وتحديد الأهداف، والتخطيط السليم، والتنفيذ السليم، والتقويم المستمر. وبالطبع فإن الالتزام بهذا المفهوم سوف يؤدي إلى نجاح الفرد سواء في عمله أو في حياته.

كذلك يعرف ميرابل Mirabile التميز بأنه مجموعة المعارف والمهارات والقدرات التي يمتلكها أصحاب الأداء المتميز.

أما دنجل Dingle فيري أن التميز هو قدرة الفرد على أداء مجموعة من المهام الوظيفية في ظل ظروف بيئية متغيرة.

وببساطة ينظر جون سي. ماكس ويل Max Well إلى التميز بأنه ينبع من إنجاز البنود الصحيحة بالطريقة الصحيحة.

ويعرف حسين شرارة التميز من خلال معادلة بسيطة هي:

$$\text{التميز} = \text{الفعالية \%} \times \text{الكفاءة \%}$$

ويمكن تعريف الفعالية ببساطة بأنها عملية تحقيق الأهداف Reaching Goals، والكفاءة بأنها عملية الاستفادة من الموارد Utilizing Resources.

ويلخص عبد العزيز نور مفهوم التميز في كلمتين هما: الانضباط والإتقان.

وفي ضوء ما سبق يمكن تعريف التميز بأنه:

● قدرة الفرد أو الجماعة أو المنظمة على أداء الأعمال المطلوبة منهم بإتقان وجودة.

● قدرة الفرد أو الجماعة أو المنظمة على تحقيق الأهداف المطلوبة منهم بكفاءة وفعالية.

وبالنسبة لمفهوم التميز على مستوى المنظمة فإنه يشير إلى بعدين هامين في الإدارة الحديثة، كما يحددهما علي السلمي في كتابه «إدارة التميز» كالتالي:

● **البعد الأول:** أن غاية الإدارة الحقيقية هي السعي إلى تحقيق التميز بمعنى إنجاز نتائج غير مسبوقة تتفوق بها على كل من ينافسها، بل وتتفوق بها على نفسها بمنطق التعلم Learning.

● **البعد الثاني:** أن كل ما يصدر عن الإدارة من أعمال وقرارات وما تعتمده من نظم وفعاليات يجب أن يتسم بالتميز أي الجودة الفائقة الكاملة التي لا تترك مجالا للخطأ أو الانحراف ويهيئ الفرص الحقيقية كي يتحقق تنفيذ الأعمال الصحيحة تنفيذا صحيحا وتاما من أول مرة Doing Right Things Right From The First Time.

والبعدان متكاملان ويعتبران وجهين لعملة واحدة ولا يتحقق أحدهما دون تحقيق الآخر، كما أن بعدي التميز يعتمدان اعتمادا كليا وتاما على استثمار الرصيد المعرفي المتراكم والمتجدد باستمرار وتيسير السبل للتعلم التنظيمي Organizational Learning حتى يتم تفعيل تلك المعرفة على أرض الواقع.

ويؤكد علي السلمي أن مفهوم «التميز» في الإدارة هو مستوى الأداء الوحيد المقبول في عصر التنافسية والعولمة والمعرفة، عصر الإنترنت وسيادة تقنيات الاتصالات والمعلومات، عصر سيادة العقل البشري وسطوة قوة العلم والفكر الإنساني.

إن امتلاك مقومات إدارة التميز وتفعيلها هو السبيل الوحيد لبقاء المنظمات واستمرارها في عالم اليوم القائم على الحركة السريعة والتطوير المستمر وسيطرة رغبات العملاء وتعدد البدائل أمامهم، وانفتاح الأسواق وزوال العوائق المادية المعنوية من طريق التجارة الدولية.

وتواجه المنظمات المصرية والعربية تحديات مضاعفة بالقياس إلى فجوة التقنية التي تفصلها عن منظمات العالم المتقدم، كما تتعرض منظماتنا إلى منافسة شرسة من الشركات

متعددة الأممية Transitional Corporations والتي تسيطر على أغلب مقدرات العلم والتقنية ومنجزاتها وتحولها إلى منتجات وخدمات ونظم أعمال متفوقة تدمر منافسها على كافة المستويات وتفرض سطوتها على مقدرات العالم.

ولن تتحقق مقومات إدارة التميز للمنظمات المصرية والعربية بالتمني أو تقليد المنظمات الأجنبية، بل ينبغي لها البحث عن سبل متفردة لاكتساب مصادر المعرفة وتنميتها وتوظيفها بأساليب مبتكرة لتحقيق مكان لها في السوق العالمي الجديد.

نماذج التميز:

ظهرت بعض النماذج في موضوع التميز، وتمثل هذه النماذج أسلوبا علميا يهدف إلى الاستفادة من خبرات أصحاب الأداء المتميز في المنظمات لتحسين أداء بقية العاملين بما يسهم في تحقيق أهداف هذه المنظمات بكفاءة وفعالية.

والآتي مثالين على نموذجين، الأول عن التميز على مستوى الفرد، والثاني عن التميز على مستوى المنظمة.

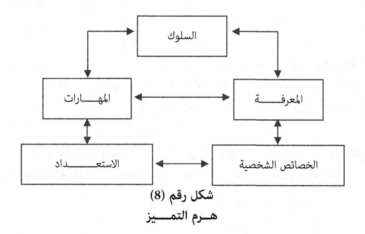

شكل رقم (8)
هـــرم التمـــيز

التميز على مستوى الفرد

وضع كل من Lucia & Lepsinger نموذجا للتميز على مستوى الفرد كوسيلة وصفية تحدد الخصائص الشخصية والسلوكية والمعارف والمهارات اللازمة لأداء وظيفي معين بدرجة عالية من الكفاءة والفعالية داخل المنظمة بما يسهم بدوره في تحقيق أهداف المنظمة.

كذلك قدم عبد الباري إبراهيم درة نموذجا آخر أطلق عليه «نموذج الأداء الفعال». ويشرح عبد الباري نموذجه كالتالي:

الأداء الفعال للموظف:

هو نتاج العوامل التالية:

أ - كفايات الموظف أي معلوماته ومهاراته واتجاهاته.

ب- بيئة التنظيم الداخلية من حيث الموارد والقيود، والهيكل التنظيمي ونظام الاتصال والسلطة، وأسلوب القيادة، ونظام الحوافز، والثواب والعقاب.

ج- متطلبات العمل أو الوظيفة من حيث الواجبات والمسئوليات والأدوات والتوقعات المطلوبة من الموظف، وكذلك الطرق والأساليب والأدوات والمعدات المستخدمة.

د- البيئة الخارجية بأنظمتها المختلفة.

إن الوصول إلى ذروة الأداء الشخصي بلا شك سوف يحقق للإنسان النجاح في حياته الشخصية والوظيفية، وسوف يجعله راضيا عن نفسه وعن عمله، وسوف يرتقي بالإنسان بين أقرانه فيصبح ذا شخصية جذابة وقوية ويشار إليه بالبنان، كذلك سوف يرتقي به في عمله ليصبح رئيسا أو مديرا نظرا لتفوقه في الأداء.

والوصول إلى ذروة الأداء الشخصي عملية ليست سهلة، بل هي عملية شاقة تحتاج إلى إرادة قوية وصبر طويل ورؤية واضحة ومراجعة للنفس باستمرار والاستفادة من خبرات الفشل والنجاح.

70

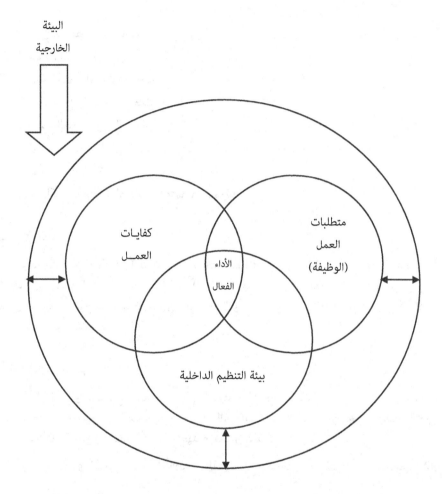

البيئة
الخارجية

كفايـات
العمـل

متطلبات
العمل
(الوظيفة)

الأداء
الفعال

بيئة التنظيم الداخلية

وهناك طرق عديدة للوصول إلى ذروة الأداء الشخصي نذكر منها على سبيل المثال:

1- التنمية العقلية.

2- تحسين مهارات إدارة الذات.

3- التنمية الذاتية.

71

4- تحسين الشخصية الإنسانية.

5- التشغيل الكامل للفصين الأيمن والأيسر في المخ البشري.

6- دراسة السلوك الإنساني وتوجيهه.

7- فهم الدوافع وإشباع الحاجات الإنسانية.

8- توظيف الحوافز الإيجابية والسلبية.

9- تنمية / تطوير إدارة المنظمة.

10- تحسين مهارات الاتصال.

11- زيادة اكتساب بعض الصفات الاجتماعية الموجبة.

التميز في العمل

وضع كل من Roy Peacockm & David Lascelles نموذجا للتميز في العمل يجب على المدراء أن يستفيدوا منه، وذلك إذا أرادوا أن تنجح المنظمات التي يعملون بها أن التي يقودون العمل بها حتى تصبح هذه المنظمات في الصفوف الأولى في سوق السلع أو الخدمات. ويمكن تقديم هذا النموذج في الشكل رقم (10) كالتالي.

الأداء الإداري المتميز:

الأداء الإداري مصطلح يشير إلى قيام العاملين بالمنظمة بسلوك إداري ما في ضوء مبادئ الإدارة، وذلك لتحقيق وظائف الإدارة (صنع القرارات، التخطيط، التنظيم، الإشراف والتوجيه والقيادة، الرقابة) بصورة رشيدة (أي بأقل جهد ووقت وتكاليف).

والأداء الإداري المتميز هو الأداء الإداري الذي يتسم بصفات وخصائص التميز السابق الإشارة إليها.

كذلك هناك من يعرف الأداء الإداري المتميز بأنه الأداء الكفء والفعال الذي يحقق الأهداف التي نسعى لتحقيقها.

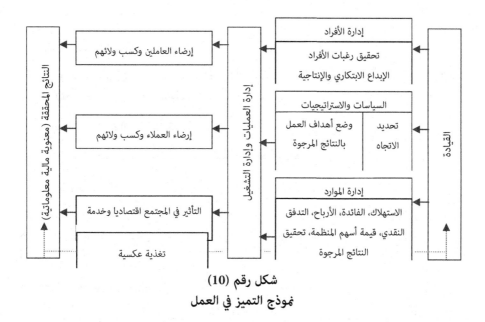

شكل رقم (10)
نموذج التميز في العمل

نقطة هامة في هذا السياق وهي: أن مصطلح الأداء الإداري المتميز ليس معيارا علميا ثابتا، فيختلف ذلك المفهوم من عمل إلى آخر، ومن وظيفة إلى أخرى، وكذلك يختلف من منظمة لأخرى.

وبوصفك مديرا من المهم أن تعرف العمل الذي تراه متميزا بالفعل. ولكي تفعل ذلك يجب أن تضع بعناية المستويات التي تبدأ منها كل من المكافآت النقدية وغير النقدية وتثبتها. ولتحاول التأكد من أنه يتم مكافأة العمل الجيد فقط بمكافآت جيدة، على أنه ليس من المستحيل الوصول إلى مستويات القمة. وستجد أنه من الضروري أن تكون هناك نسبة من المحاولة والخطأ أيضا في هذه العملية.

هذا ويمكن أن نقول أن الأداء الإداري عندما تتوفر به المقومات التالية فإنه يتصف بصفة التميز:

1- الالتزام بمبادئ الإدارة:

ومن هذه المبادئ نذكر: تقسيم العمل، والسلطة، المسئولية، والنظام، ووحدة السلطة الآمرة، ووحدة التوجيه، ومكافأة الأفراد، والمساواة، والتعاون....

2- موجه لتحقيق وظائف الإدارة:

وهي صنع القرارات والتخطيط والتنظيم والتوجيه والرقابة.

3- الالتزام بمبادئ إدارة الجودة الشاملة:

ومن هذه المبادئ نذكر: رضا العميل الخارجي، رضا العميل الداخلي (العاملين بالمنظمة)، صفرية الأخطاء قدر الإمكان، التركيز على جودة العمليات والنتائج سواء كانت سلع أو خدمات، التطوير والتحسين لمعايير الجودة...

4- الفعالية Effectiveness:

بمعنى تحقيق النتائج أو الوصول إلى الأهداف Reaching Goals وحسن اختيار العناصر الملائمة لتحقيق النتائج المقررة. كذلك فإن الفعالية تشير إلى إنجاز العمل المطلوب.

5- الكفاءة Efficiency:

بمعنى حسن الاستفادة من الموارد Utilizing Resources أو حسن استخدام الموارد التي تقرر استخدامها. كذلك فإن الكفاءة تشير إلى إنجاز عمل ما بالشكل الصحيح.

6- الإبداع والابتكار Innovation:

وذلك من خلال التجديد والتغيير الإيجابي والإبداع والابتكار في العمل.

7- مراعاة قيم وأخلاقيات Ethics Values المنظمة والمجتمع:

ومنها على سبيل المثال: العدالة والمساواة والنزاهة والموضوعية والمشاركة والديمقراطية والأمانة.

نقطة هامة في هذا السياق وهي: أن مصطلح الأداء الإداري المتميز ليس معيارا علميا ثابتا، فيختلف ذلك المفهوم من عمل إلى آخر، ومن وظيفة إلى أخرى، وكذلك يختلف من منظمة لأخرى.

وبوصفك مديرا من المهم أن تعرف العمل الذي تراه متميزا بالفعل. ولكي تفعل ذلك يجب أن تضع بعناية المستويات التي تبدأ منها كل من المكافآت النقدية وغير النقدية وتثبتها. ولتحاول التأكد من أنه يتم مكافأة العمل الجيد فقط بمكافآت جيدة، على أنه ليس من المستحيل الوصول إلى مستويات القمة. وستجد أنه من الضروري أن تكون هناك نسبة من المحاولة والخطأ أيضا في هذه العملية.

مداخل فعالية الأداء:

إن أهمية نجاح المنظمة في أداء مهمتها وبلوغ أهدافها وتحقيق النتائج المناطة بها أمر لا يحتاج إلى تأكيد، والأداء المتميز هو الأداء الفعال الذي يحقق الأهداف التي نسعى إليها، وهناك مدخلان لفعالية الأداء هما:

1- مدخل الأهداف:

فالفعالية هنا تعني تحقيق الهدف والوصول إلى النتائج التي تم تحديدها مسبقا فإذا حققت المنظمة المعدل الذي وضعته للأرباح كانت فعالة، وإذا حقق مدير المبيعات غزو أسواق جديدة وباع سلعته أو خدمته فيها بالقدر الذي حدده كان أيضا فعالا.

2- مدخل النظم:

ينجو هذا المدخل إلى الأداء الكلي للمنظمة وإدخال الكفاءة إلى جانب الفعالية، حيث ينظر إلى المنظمة على أنها نظام متكامل يتكون من أجزاء متداخلة لتحقيق هدف مشترك.

وفي النهاية يمكن القول بأن الأداء المتميز للفرد مسئولية تضامنية بين إدارة المنظمة

لكونها الإدارة المسئولة عن التخطيط والتنظيم والرقابة لبرامج العمل... وسياسات الأفراد (تخطيط القوى العاملة، التوظيف، التدريب، تقييم الأداء، التحفيز، الترقيات، وضع هيكل الخدمات العمالية... وما شابه ذلك) والفرد العامل بإعداده ليؤدي الخدمة والنشاط ومن ثم فإن القدرة على تحقيق الانسجام والتوافق بين هذين الطرفين (المنظمة، والفرد) ومصلحة كل منهما يساهم دون أدنى شك في الوصول إلى الأداء المتميز.

أسرار قوة الأداء:

في برنامج تدريبي عن «الأداء الإداري المتميز» قدمه مركز الخبرات المهنية للإدارة «بميك» تم عرض 13 سرا لقوة الأداء توصل إليها روجر داوسون Roger Dowsen بناء على خبراته الإدارية الطويلة كالتالي:

1- حب المغامرة وتحمل المخاطرة

1- Make their life an (adventure)

2- تحمل مسئولية أنفسهم

2- (Take charge) of their lives

3- الإحساس الدائم بوفرة بدائل للحل

3- Know that they always have (choices)

4- يعرفون هدف رحلتهم

4- (Know) that the journeys the thing

5- معايشة مسبقة للنجاح قبل وقوعه

5- (Experience) success long before they achieve

6- لا يسمحوا للآخرين بجذبهم إلى مستويات أداء أقل

6- Don't let other people (drag them down) to their live

7- يؤمنوا بضرورة تغيير ما يجب تغييره

7- Things to change they have to (change)

8- يعرفوا كيف يخلقوا الفرص

8- Know how to create (opportunities)

9- يعرفوا كيف يسخروا الأموال لخدمتهم

9- Know how to make (money work) for them

10- لقد تعلموا كيفية تحديد مستقبلهم

10- Have learned how to define their future (learning)

11- يحافظوا على وقتهم ويستثمروه

11- Enhance their (time)

12- يحولوا الخوف إلى الثروة

12- Turn their fear into (fortune)

13- لقد تعلموا كيفية مزج الحب بحياتهم

13- Have learned to put love in their life

إستراتيجيات التميز في العمل:

قدم روبرت كيلي Robert E. Kelley في كتابه: كيف تصبح نجما لامعا في العمل؟ how be astare at work? والمنشور عام 1998 - تسع إستراتيجيات للتميز، هي كالتالي:

1- الإستراتيجية الأولى: المبادأة والمبادرة.
2- الإستراتيجية الثانية: شبكات العلاقات.
3- الإستراتيجية الثالثة: إدارة الذات.
4- الإستراتيجية الرابعة: رؤية الصورة كاملة.
5- الإستراتيجية الخامسة: العمل بإخلاص.
6- الإستراتيجية السادسة: مهارات القيادة.
7- الإستراتيجية السابعة: روح الفريق.
8- الإستراتيجية الثامنة: مهارات العرض والتقديم.

إدارة التميز:

قدم على السلمي مفهوما واضحا لإدارة التميز في شكل نقاط كالتالي:

1- لا بديل للمنظمات المعاصرة عن بذل الجهد واستثمار كل الموارد المتاحة لها من أجل التفوق في صراع التنافسية الشديد ولمواجهة ظروف نظام الأعمال المتجددة والمتغيرة باستمرار.

2- يتحقق مستوى التميز المنشود حين تتوفر للمنظمة رؤية واضحة لما تريد تحقيقه، واستراتيجيات وسياسات مدروسة تحاول أن تصل إلى أفضل الطرق لتحقيق الرؤية والأهداف والغايات التي تنشدها المنظمة.

3- تتكامل مجموعة العناصر المؤيدة إلى «إدارة التميز» ولا تنفصل عن بعضها، كما لا يغني ودود بعضها عن غياب البعض الآخر. إن النظرة المنظومية القائمة على التكامل والتفاعل هي أساس «إدارة التميز».

4- الغرض من تحقيق «إدارة التميز» هو في الأساس توفير أفضل مستوى من الخدمة والرعاية لعملاء المنظمة وتنمية علاقاتهم وارتباطهم بها.

مفاتيح إدارة التميز:

إن الوصول إلى إدارة التميز ليس أمرا يسيرا يتحقق بالتمني، ولكنه عمل شاق وجهد متواصل من جانب أفراد المنظمة جميعا وعلى كافة المستويات. وفي برنامج تدريبي عن «إدارة التميز» قدمته شركة «Team» الخبراء العرب في الهندسة والإدارة، تم عرض بعض مفاتيح إدارة التميز كما يلي:

1- تنمية وحفز الابتكار Creativity.

2- تنمية وتفعيل التوجه لإرضاء العملاء Customer Satisfaction.

3- الالتزام بالمفاهيم ومتطلبات الإدارة المالية السليمة Sound Finances.

4- الالتزام بأخلاقيات وقيم العمل الإيجابية Positive Work Ethics.

5- تنمية وتوظيف الرصيد المعرفي المتجدد للعاملين   Knowledge Management.

6- تنمية وتفعيل فرص التعلم التنظيمي   Organizational Learning.

7- تنمية آليات التفكير المنظومي والتزام منهجية علمية في بحث المشكلات واتخاذ القرارات.

8- التوجه بالنتائج   Results Orientation.

9- التركيز على العملاء   Customer Focus.

10- الاهتمام المتوازن بأصحاب المصلحة   Balanced Results for Stakeholders.

11- إدماج المنظمة في المناخ المحيط وتنمية الإحساس بالمسئولية الاجتماعية لدى العاملين   Social Responsibility.

استقصاء: هل أنت مدير متميز؟

لقد أجريت العديد من البحوث والدراسات لتحديد سمات المدير المتميز، وتوصلت إلى مجموعة كبيرة ومتنوعة من السمات، التي يجب على أي مدير أن يتحلى بها ويكتسبها ليس فقط من خلال خبرات العمل، بل أيضا بواسطة الدورات التدريبية وحضور المؤتمرات والندوات وقراءة كتب ومجلات الإدارة بل وكتب ومجلات علم النفس وعلم الاجتماع والعلاقات العامة والتخطيط.

وكل هذه البحوث والدراسات كان الهدف الرئيسي لها هو محاولة تحقيق مبدأ وضع الرجل المناسب في المكان المناسب.

إن المدير المتميز يحقق النجاح لنفسه ولجماعة العاملين معه وللمؤسسة التي يعمل بها . والمدير غير المتميز يحقق الفشل لنفسه ولجماعة العاملين معه وللمؤسسات التي يعمل بها.

إذا أردت أن تعرف هل تنتمي للنمط الأول أم للنمط الثاني ؟ فأجب عن هذا الاستقصاء .

الاستقصاء:

1- هل لديك الرغبة في التفوق والتميز؟

نعـم ☐   أحيانا ☐   لا ☐

2- هل لديك القدرة على اتخاذ القرارات بشكل رشيد؟

نعـم ☐   أحيانا ☐   لا ☐

3- هل تمارس مهارة التخطيط السليم لجميع الأمور والمهام؟

نعـم ☐   أحيانا ☐   لا ☐

4- هل توزع الأعمال على العاملين بشكل يتناسب مع تخصصاتهم وقدراتهم؟

نعـم ☐   أحيانا ☐   لا ☐

5- هل ترفع الروح المعنوية للعاملين معك؟

نعـم ☐   أحيانا ☐   لا ☐

6- هل تثق في نفسك؟

نعـم ☐   أحيانا ☐   لا ☐

7- هل تثق في العاملين معك؟

نعـم ☐   أحيانا ☐   لا ☐

8- هل تراعي العدالة بين جميع العاملين؟

نعـم ☐   أحيانا ☐   لا ☐

9- هل تحسن الإنصات للعاملين معك؟

نعـم ☐   أحيانا ☐   لا ☐

10- هل تشرك العاملين معك في تحديد الأهداف ووضع الخطط؟

نعـم ☐   أحيانا ☐   لا ☐

11- هل تتمتع بقوة الإرادة؟

نعم ☐   أحيانا ☐   لا ☐

12- هل أنت شخص طموح؟

نعم ☐   أحيانا ☐   لا ☐

13- هل تحاول إضفاء روح المرح والابتسامة في بيئة العمل؟

نعم ☐   أحيانا ☐   لا ☐

14- هل تهتم بتقويم أعمال القسم أو الإدارة التي تديرها؟

نعم ☐   أحيانا ☐   لا ☐

15- هل تطبق أسلوب الإدارة بالأهداف؟

نعم ☐   أحيانا ☐   لا ☐

16- هل تطبق أسلوب الإدارة على المكشوف والتي أساسها المكاشفة والمصارحة والمشاركة؟

نعم ☐   أحيانا ☐   لا ☐

17- هل أنت عصبي المزاج؟

نعم ☐   أحيانا ☐   لا ☐

التعليمات:

1- أعط لنفسك درجتان في حالة الإجابة بـ «نعم»، ودرجة واحدة في حالة الإجابة بـ «أحيانا» عن الأسئلة من 1 إلى 16 .

2- أعط لنفسك درجتان في حالة الإجابة بـ «لا»، ودرجة واحدة في حالة الإجابة بـ «أحيانا» عن السؤال رقم 17.

3- اجمع جميع درجاتك عن جميع الأسئلة.

81

تفسير النتائج:

أ - إذا حصلت على 24 درجة فأكثر، فأنت مدير متميز ستحقق النجاح تلو النجاح لنفسك ولجماعة العمل معك وللمؤسسة التي تعمل بها.

ب- إذا حصلت على 12 - 23 درجة، فأنت مدير فقط، لم تصل إلى درجة الكفاءة والفاعلية المطلوبين حتى تحقق النجاح المطلوب منك، وحتى تساهم بشكل كبير في تحقيق أهداف العاملين معك وأهداف المؤسسة التي تنتمي إليها.

ج- إذا حصلت على 11 درجة فأقل، فأنت تعاني كثير من المشكلات في إدارتك وغالبا لا تحقق أي نجاح في عملك، ننصحك إما أن تترك هذا المنصب وهذا قرار صعب جدا جدا عليك، أو أن تطور من نفسك إداريا واجتماعيا بشكل سريع وشامل.

الفصل الرابع

إدارة الأداء

أشتمل هذا الفصل على:

- تعريف إدارة الأداء.
- أساسيات إدارة الأداء .
- مزيج نظام إدارة الأداء.
- المنافع والمردودات.
- الموازنة بين إدارة الأداء وإدارة التغيير.
- مفهوم النجاح .
- مفاتيح النجاح.
- القواعد السبع للنجاح.
- العادات السبع للنجاح.
- العادة الثامنة.
- التعامل السليم والفعال مع المشكلات.
- أخطاء يتم الوقوع فيها عند التعامل مع المشكلات.
- مقياس القدرة على حل المشكلات.
- استقصاء: هل أنت ناجح في عملك؟

«لا يجب أن تعكس توصيفات الوظيفة المهمات التي يؤديها الموظف فحسب، بل النتائج المتوخاة أيضا».

(هكسلي ماديلم)

تعريف إدارة الأداء Performance Management:

هي عبارة عن مجموعة متكاملة من الآليات والعمليات التي تسهل حدوث تواصل وفهم أفضل بين أفراد يعملون معا. إنها تتعلق بأفراد يعملون مع آخرين ليضيف كل منهم قيمة إلى مساهمات الآخر في سبيل تحقيق تحسين متواصل في النتائج والمعايير. ولو أمكن تحقيق ذلك للمنظمة ككل، فلاشك أنه سيجعل الموقف الفردي لكل موظف أفضل حالا كذلك.

إن الجميع يستفيدون إذا قدم للموظفين التوجيه والدعم حتى يتسنى لهم العمل بأقصى درجة ممكنة من الفعالية والكفاءة، بما يتماشى مع احتياجات عملائهم واحتياجات المنظمة التي ينبغي أن تخدم هؤلاء العملاء، ويتضمن ذلك إيجاد توقعات وفهم واضحين للنتائج المراد تحقيقها والأعمال التي ستؤدي في سبيل تحقيقها.

ويرى روبرت باسيل Robert Bacel أن إدارة الأداء نظام.. مكون من عدد من الأجزاء التي يجب تضمينها وتنقيحها وإدارتها جميعا والأهم من ذلك كله «قيادتها»، لكي تضيف قيمة للمنظمة والمديرين والعاملين.

ويعرف محمد عبد الغني هلال إدارة الأداء: بأنها تلك الجهود الهادفة من قبل المنظمات المختلفة لتخطيط وتنفيذ وتوجيه الأداء الفردي والجماعي ووضع معايير ومقاييس واضحة ومقبولة للأداء كهدف يسعى الجميع للوصول إليها.

كذلك فإن إدارة الأداء - كما يشير أحمد سيد مصطفى - هي عملية إستراتيجية متكاملة. أما كونها إستراتيجية فلأنها تعنى بالاعتبارات الأشمل والأطول أجلا في أداء المنظمة (كمحصلة لأداء وحداتها) متفاعلة مع بيئتها المحيطة ...الخ) لبلوغ أهدافها.

أما كونها متكاملة فلأنها تهيئ تكاملا رأسيا بربط أهداف كل من المنظمة والفريق والفرد، بالقدرات الجوهرية اللازمة للأداء، فضلا عن التكامل الأفقي بين وظائف الإدارات التي يضمها الهيكل التنظيمي وفرق العمل المتنوعة، ناهيك عن ربط أداء الوحدات التي تضمها إدارة الموارد البشرية من اختيار وتدريب وتقييم أداء وحفز وتخطيط للمسار الوظيفي نقلا وترقية.

أساسيات إدارة الأداء:

تقضي أساسيات إدارة الأداء - كما يشير أحمد سيد مصطفى - بوجوب التخطيط السليم والتوجيه والتقييم المستمرين لأداء العاملين وفرق العمل والمديرين والمنظمات لتحديد مدى حسن التقدم نحو تحقيق أهداف المنظمة. هل يتبعون نفس الاتجاه السليم أم يحيدون عنه وهل يلتزمون في أدائهم بالمعايير المخططة أم ينصرف أداؤهم عنها؟

والإدارة في إدارتها للأداء:

1- تصميم الأهداف ومعايير الأداء الفردية والجماعية ضمن خطة العمل.

2- متابعة الأداء بشكل دوري.

3- تقييم الأداء لتحديد مدى وجود فجوة بين الأداء المخطط أو المستهدف والأداء الفعلي.

4- اتخاذ الإجراءات التصحيحية اللازمة في حالة وجود فجوة أو انحرافات عن الأداء المستهدف.

مزيج نظام إدارة الأداء (PMS):

وضع بيتر ج. ريد Peter J. Reed نظام فعال لإدارة الأداء (PMS) من خلال مزيج من الأدوات والتدخلات المتنوعة على مختلف المستويات في المنظمة. ومن الممكن أن تشمل هذه الأدوات والتدخلات على سبيل المثال:

1- التخطيط الاستراتيجي.

2- تعريف الأهداف والأولويات والقيم التنظيمية، وهذه يتم إيجازها عادة في بياني الرؤية والرسالة.

3- أهدافا محددة، وقابلة للقياس، وقابلة للتحقيق ومتفقا عليها، وموجهة نحو النتائج ووثيقة الصلة، وذات جدول زمني.

4- تحديد مؤشرات ومقاييس الأداء المناسبة للمنظمة وللعمليات الرئيسية وللوظائف وللموظفين، والموافقة عليها وتطبيقها.

5- عمليات تقييم ذاتي لفرق (أو إدارات) الإدارة بالقياس إلى معايير مفاضلة الممارسة الجيدة المعترف بها، ومن أجل مراقبة وتقييم التحسين المتواصل.

6- مراجعة وتقييم الأداء الفردي.

7- تخطيط التنمية الشخصية.

8- أنشطة التعلم والتنمية والتطوير.

9- أشكالا متنوعة للحوافز يمكن أن تربط الأداء بالموازنات (وربما بممارسة درجة أكبر من الرقابة عليها) بالنسبة للأقسام أو الإدارات أو وحدات الأعمال، وأن تربطه بالتعويض بالنسبة للأفراد الذين يساهمون في تحقيق تحسنات في الإنتاجية أو تقديم الخدمة أو الكفاءة.

وفي ضوء ما سبق يمكن تحديد أربعة عناصر رئيسية لإدارة الأداء هي:

1- تخطيط الأداء.

2- تنظيم الأداء.

3- توجيه الأداء.

4- تقييم الأداء.

يشرح هذه العناصر محمد عبد الغني هلال كالتالي:

1- تخطيط الأداء:

يقصد بتخطيط الأداء تحديد الأهداف المطلوب تحقيقها ورسم صورة للأداء المستقبلي لتحقيق هذه الأهداف من خلال المعايير الواضحة والمتفق عليها بين جميع الأطراف عن طريق الإمكانات والطاقات المتوفرة.

ولا شك أن عملية تحديد الأهداف يجب أن تنطلق من تحليل الأداء المسبق والحالي وتحديد المعارف والمهارات والقدرات الفعلية والكامنة لديهم حاليا وكيفية توظيفها للأداء المستقبلي المتوقع.

وتخطيط الأداء هو رسم صورة للأداء المستقبلي تحقق الأهداف من خلال المعايير الواضحة والمتفق عليها بين جميع الأطراف عن طريق الإمكانات والطاقات المتوفرة.

2- تنظيم الأداء:

لا يمكن أن يكون الوصول للهدف من خلال الاجتهادات في اختيار الطرق والوسائل اللازمة للوصول إليه.

فالفرد يعمل ضمن مجموعات عمل وفريق إنتاج، ويجب ألا يتعارض أو يصطدم أداؤه مع الآخرين. ويهدف تنظيم الأداء إلى تحديد المساحة التي يتحرك فيها كل فرد بحيث يكون متكاملا وليس معوقا لحركة الآخرين.

وتنظيم الأداء يتطلب وجود هيكل أو بنيان تنظيمي واضح المعالم يستطيع الفرد من خلاله أن يحدد عليه موقعه بدقة على خريطة العمل، بل ويستطيع أن يعرف القنوات والطرق التي يمكن من خلالها أن يتحرك رأسيا وأفقيا. وأهمية تنظيم أداء العاملين تعني عدم التداخل في الاختصاصات من خلال التحديد الواضح للمسئوليات والمهام الوظيفية الفردية، بل والأسس التي يمكن الاعتماد عليها في تحديد المسئوليات والمهام الوظيفية المشتركة بين أكثر من فرد.

ويتعين على الجهات المسئولة في كل منظمة عن تنظيم الأداء أن توفر نظاما للمعلومات

متبادلا بين الرؤساء والمرؤوسين لاكتشاف القصور في الأداء في مراحله المبكرة، وتوفير إمكانية العمل وبصورة دورية من خلال نظم الاتصال التحريرية والشفهية، والحصول على التعليقات المرتدة على الأداء بالسرعة المناسبة التي تهيئ الفرصة لإعادة النظر في الأداء غير المناسب وتصحيحه.

ويتطلب تنظيم الأداء توافر الآتي:

- الهيكل أو البنيان والعلاقات التنظيمية الواضحة.
- اللوائح والقوانين والقواعد المقبولة والواضحة لتنظيم العمل.
- التحديد الواضح للمسئوليات والمهام من خلال الوصف الوظيفي.
- الاختيار السليم والمناسب وللأفراد والوظائف التي يشغلونها.
- وجود نظام للاتصال وتبادل المعلومات عن الأداء على درجة عالية من الكفاءة.

3- توجيه الأداء:

تحدد المسئوليات والمهام لكل فرد وتسجل في بطاقات خاصة، ويتحدد موقع الفرد في البنيان على الخريطة التنظيمية للمنظمة التي يعمل بها، ولكن تختلف نظرة الفرد لوظيفته الجديدة وتوقعاته لشكل وطبيعة الأداء المطلوب.

ولذلك فهو يحتاج إلى التوجيه والإرشاد منذ بداية العمل وباستمرار من خلال الأساليب المختلفة مثل الاشتراك في الدورات التدريبية أو التدريب أثناء العمل أو تصحيح الأخطاء من خلال الإرشاد وتوفير سبل الاتصال الصحيحة.

والهدف من عملية التوجيه هو متابعة نتائج أداء العاملين من خلال القياس المستمر لأدائهم وإمدادهم بالتعليمات اللازمة كنوع من التغذية العكسية أو الاسترجاعية عن طريق مناقشة نتائج قياس الأداء الدوري معهم.

وكي تأتي عملية التوجيه بنتائج إيجابية لابد من أن يكون هناك تسجيل متتال لنتائج قياس الأداء على فترات متقاربة ومحددة، ويوفر ذلك الفرصة لمتابعة خط سير منحنى الأداء واتجاهه نحو تحقيق الأهداف والتعرف على مقدار الانحراف أو البعد عنها.

وتشمل عملية التوجيه العمل على تبسيط الخطوات والإجراءات بما يسمح بسهولة الأداء والبعد عن التعقيدات.

4- تقييم الأداء:

وتأتي عملية التقييم في نهاية عملية إدارة الأداء بحيث تستطيع الإدارة في نهاية السنة أو الخطة الوصول إلى نتائج مؤكدة لمستويات الأداء. ويوفر هذا النظام درجة من الاتفاق النهائي وبالتالي تقبل القرارات التالية لذلك.

وفي نفس الوقت فإنه يساعدنا على:

● الوقوف على الاحتياجات التدريبية الفعلية التي تساعد في وضع خطة تدريبية تعالج القصور في أداء العاملين.

● الوقوف على الاتجاهات الحقيقية للعاملين نحو المنظمة التي يعملون بها وكذلك التحديد الدقيق لما تملكه المنظمة من مهارات.

● الحصول على البيانات والمعلومات اللازمة لاتخاذ القرارات الخاصة بالترقي والنقل للعاملين.

● تحقيق العدالة والرضا بين العاملين نتيجة لمشاركتهم في المراحل المختلفة لإدارة الأداء، وتركيز الجهود على تصحيح أدائهم بدلا من الشكوى والتظلم من التقييم الخاطئ لأدائهم.

المنافع والمردودات:

ما المردود المحتمل لاستخدام إدارة الأداء ؟ برغم أن إدارة الأداء لا يمكنها أن تحل كل المشكلات إلا أنها تستطيع أن تتصدى للكثير من المشكلات الإدارية الشائعة. ويرى روبرت باسل Robert Bacel إنك إذا استخدمتها على الوجه الأمثل، واستثمرت الوقت وأنشأت علاقات إبداعية، يمكن لإدارة الأداء أن تحقق ما يلي:

1- تقليل حاجتك إلى الاندماج والمشاركة في كل شيء جار (الإدارة المصغرة).

2- توفير وقتك عن طريق مساعدة الموظفين على اتخاذ القرارات بأنفسهم، وضمان امتلاكهم للمعرفة والفهم الضروريين لاتخاذ هذه القرارات بصورة سليمة.

3- تقليل سوء الفهم المستهلك للوقت بين الموظفين حول من مسئول عن ماذا.

4- تقليل تكرار المواقف التي لا تجد فيها المعلومات التي تحتاجها عندما تحتاجها.

5- تقليل الأخطاء (وتكرارها) من خلال مساعدتك وموظفيك على التعرف على أسباب الأخطاء أو أوجه القصور.

6- مساعدة الموظفين على تحديد وفهم أي فجوات قد توجه بين مستويات الأداء المرغوبة والفعلية.

7- توفير إطار لتغيير ثقافة الأوامر واللوم إلى ثقافة تشجع الحوار بشأن حاجات وحلول التنمية التنظيمية والفردية.

ويلخص روبرت باسيل Robert Bacel ذلك كله بقوله:

إن إدارة الأداء استثمار يمكنك من تشجيع الموظفين والسماح لهم بأداء وظائفهم. إنهم يعرفون ماذا يتوقع منهم أن يفعلوه، وما القرارات التي يجوز لهم أن يتخذوها بأنفسهم، ومدى حسن أدائهم لوظائفهم، ومتى يلزم أن تتدخل. وسوف يسمح لك ذلك بالاهتمام بالمهام التي لا يمكن لأحد سواك أن يباشرها.

لا شك أن ذلك لن يحدث بين يوم وليلة لكن هذا الاستثمار في الأفراد يمكن في نهاية المطاف أن يساعد القادة على تفويض المزيد من سلطة إدارة الأداء، وهذا أمر سيلقى ترحيبا فعليا من معظم العاملين.

وبهذه الطريقة، يمكن أن ينفق القادة مزيدا من الوقت في التفكير في كيف يمكنهم إدارة عدم التأكد والاضطراب المتولد من البيئة التشغيلية السريعة التغير، والذي لا يشعر معظم العاملين تجاهه بالارتياح وقد يوفر ذلك الوقت والنقود، ويقلل من مشاعر القلق

والانزعاج ويشجع على تمكين الأفراد على كافة المستويات من الاضطلاع بالعمل التكيفي اللازم لإحداث تغيير رئيسي وتحولات في نماذج عفا عليها الزمن وتنمية مؤسسية أو تنظيمية.

وإن تقديم النموذج والقدوة للسلوك الضروري للقيام بذلك يطلق عليه اسم القيادة، وهو مثال واحد إضافي لنمط القيادة المطلوبة الآن في منظمات القرن الحادي والعشرين.

الموازنة بين إدارة الأداء وإدارة التغيير:

مثلما يجب أن تسعى جهود تحسين الأداء التنظيمي إلى إيجاد طرق للقيام بذلك في كل أجزاء النظام التنظيمي، يجب أن يكون هناك إدراك بأن ما يحدثه ذلك من تغيير واضطراب سوف يؤثر بلا شك على كل أجزاء النظام. وهذا هو السبب في أن الموازنة بين الاهتمام بإدارة الأداء والاهتمام بإدارة التغيير أو عدم التأكد تعد واحدة من المهام الأساسية للقيادة.

وينصب الاهتمام الموجه غالبا إلى تحسين الأداء على صقل مهارات وقدرات الأفراد، وينطوي ذلك على ميزة كبيرة. ويكون في أحيان كثيرة مجديا أكثر من افتراض وجود تركيبة سحرية يمكن بواسطتها إعادة هندسة العمليات بدون الاستثمار في الأفراد الذين يتعين عليهم إدارتها أو التشاور معهم.

وتكمن الحيلة البارعة حقا في دمج الفكرتين معا وتسهيل التحسين المتواصل للعمليات من خلال تنمية القدرات الشخصية وتفويض أولئك الذين يتعين عليهم إدارة هذه العمليات.

ويؤكد بيتر ج. ريد Peter J. Reed أن فرص التنمية الشخصية ينبغي بالطبع أن تكون محفزة وهي غالبا ما تكون كذلك. وأفضل طريقة لتحسين فهم احتياجات المنظمة وأهدافها الإستراتيجية، وفي الوقت ذاته تنمية الالتزام الشخصي بها هي التركيز على النتائج وتحميل الأفراد مسئولية تحقيق النتائج المرغوبة لمساهماتهم الفردية في العمل.

والإنجاز في هذا السياق كثيرا ما لا يكون محددا كما يريده المرء من حيث قابلية قياسه، إلا أن النتائج تكون دائما أسهل في القياس الكمي من نتائج المبادرات المرتبطة بها. على سبيل المثال: محاولة قياس التأثير الذي قد يحدثه التدريب على تحسينات العمليات أو حتى القدرات لها سمعة سيئة بأنها صعبة. علاوة على ذلك، فإنه إذا روعي الحذر والتأني عند تعريف والاتفاق على أهداف محددة وقابلة للقياس ومتفق عليها وواقعية وذات أهداف مقيدة بجدول زمني (SMART) على المستوى الاستراتيجي، فيمكن عادة تقسيم هذه الأهداف وتعميمها على كافة مستويات مسئولية الموظفين.

مفهوم النجاح:

«الحياة سلسلة متعاقبة من اللحظات، والنجاح هو أن تعيش كل واحدة من هذه اللحظات»
(كوريتا كينت/ رسامة)

«سر النجاح هو أن تواصل سعيك لتحقيق هدف دون توقف»
(أنا بافالوفا)

النجاح Success شيء مهم وضروري في حياة كل إنسان. من منا لا يتمنى تحقيق النجاح؟ النجاح يحقق الشعور بالإنجاز والفرح، ويدفعك إلى مزيد من العمل والجهد.

تحقيق النجاح قد يكون سهلا أما الحفاظ عليه فهو أمر صعب.

النجاح هو النتيجة الطبيعية للعرق والجهد والإدارة.

يقول اللـه سبحانه وتعالى: "إن الذين آمنوا وعملوا الصالحات إنا لا نضيع أجر من أحسن عملا (30) " [الكهف: 30].

والأمثال الشعبية تقول: «لكل مجتهد نصيب» ويقصد بالنصيب هنا النجاح.

يقول جون سى. ماكسويل في كتابه «لليوم أهمية»:

- إننا نعتقد أن النجاح مستحيل، ولذلك فإننا ننتقده.
- إننا نظن أن النجاح غامض، ولذلك فإننا نفتش عنه.
- إننا نظن أن النجاح يأتي من الحظ، ومن ثم فإننا نأمل أن يأتينا.
- إننا نعتقد أن النجاح يكمن في فرصة، ومن ثم فإننا ننتظرها.
- إننا نعتقد أن النجاح مصدره النفوذ، فإننا نشحذ قوانا من أجل تحقيقه.

يقول ديفيد شوارتز في كتابه «العبقرية السهلة»: فكر بالنجاح ولا تفكر بالفشل. قل لنفسك حين تواجه موقفا صعبا: سأنجح، ولا تقل قد أخسر. قل عندما تدخل في منافسة مع آخر: أنا كفء لأكون الأفضل.

ذكر نفسك بانتظام بأنك أفضل مما تظهر، فالناجحون بشر وليسوا خارقي للقدرات. والنجاح لا يتطلب ذكاء خارقا، ولا شيء غامض فيما يتعلق بالنجاح. وهو في الوقت ذاته ليس مبنيا على الحظ.

ويقول فيلر: عجلة الحظ لا يدفعها إلا العمل. الناجحون هم أناس عاديون طوروا إيمانهم بأنفسهم وبما يفعلون، ومن الضروري ألا تبيع نفسك كسلعة رخيصة وقصيرة المدى.

فكر بمستوى كبير، وبأهداف عظيمة. احلم وحاول أن تحقق هذه الأحلام. لا تتذرع بأن صحتك ليست على ما يرام، أو أنك كبرت في السن، أو أنك ذو قدرات عقلية قليلة أو أن الحظ لا يحالفك أبدا.

اعرف أنك قادر على النجاح وتستطيع تحقيقه إذا أردت وصممت على ذلك، وبذلت الجهد والعرق في سبيله.

كتب أحد رجال الأعمال عشر وصايا، وعنوانها «عهد وثيق للنجاح» وسجلها على بطاقة، كان يقرأها صباح كل يوم عند الإفطار، ويبذل جهده للعمل بها، هي:

1- سأكرم نفسي، لأنني أستطيع أن اعتزل كل أحد عدا نفسي، فأنا أعيش معها.

2- سأكون طموحا، لا أقنع بما أنا فيه.

3- سأراقب ما يدخل إلى ذهني من أفكار، أقبل الجيدة، وأطرح الهدمة.

4- سأكون أمينا مع نفسي ومع غيري.

5- سأعتني بجسمي، فهو أساس ثبات عملي.

6- سأعمل على تنمية عقلي، فأغذيه كل يوم بالمطالعة الدقيقة المنظمة.

7- سأحتفظ بحماستي وحرارة عواطفي باعتدال وبابتهاج.

8- سأكون أميل إلى مدح الناس بدلا من ذممهم. وذكر عيوبهم.

9- سأحتفظ بمجهودي وطاقتي، فلا أسرف في إنفاقها بغير فائدة.

10- سأنجح في الحياة، مهما صادفني من عقبات، وسأزيل كل الصعاب.

وهذا ويمكن إضافة النصائح التالية حتى تحقق النجاح في حياتك وعملك:

1- أن تكون لديك إرادة قوية.

2- أن تحدد أهدافك بوضوح.

3- أن يكون شعارك في الحياة التخطيط والتنظيم لكل شيء.

4- أن تبذل الجهد والوقت قدر استطاعتك لتحقيق أهدافك.

5- الإخلاص في كل شيء.

6- لا تؤجل عمل اليوم إلى الغد.

7- احترام رؤسائك.

8- تعاون مع زملائك.

9- قدم الحب للمنشأة التي تعمل بها.

10- أبحث عن التعلم والتعليم واحصل على التدريب المناسب بما يزيد من كفاءة وفعالية عملك في المنشأة.

11- لا تخف من المسئوليات الكبيرة إلى أهداف صغيرة يمكن تحقيقها بدقة.

12- قسم أهدافك الكبيرة إلى أهداف صغيرة يمكن تحقيقها بدقة.

13- توكل على الـله، فالـله سبحانه وتعالى: ومن يتوكل على الـله فهو حسبه إن الـله بالغ أمره قد جعل لكل شيء قدرا(3) "(الطلاق: 3).

ويضيف وارن بينيس Warren Bennis وزميله عدة إرشادات لتحقيق النجاح في العمل هي كالتالي:

1- فكر بنظرة كلية وليس جزئية.

2- كن شجاعا.

3- كن يقظا.

4- خذ القرارات الصعبة في المشكلات.

5- لا تتردد.

6- لا تتواكل.

7- كن واقعيا بالنسبة لحجم العمل المطلوب.

8- أعط العاملين صلاحية اتخاذ القرارات المرتبطة بالعملاء والعمليات التي يتعاملون فيها.

مفاتيح النجاح:

وفي كتابه عـن المفاتيح العشرة للنجاح المطلق 10 Keys to Ultimate Success قدم إبراهيم الفقي هذه المفاتيح التي تساعدك على تحقيق النجاح سواء في العمل أو في الحياة.

1- الحافز القوي والدائم والدوافع هي محرك السلوك الإنساني	1- Motivation
2- الطاقة اللازمة لحياتك المهنية وحياتك الشخصية هي وقود الحياة	2- Energy
3- المعرفة بالمعلومات قوة	3- Knowledge
4- التصور أو الرؤية الواضحة - الطريق إلى النجاح	4- Visualization
5- الفعل أو الإجراء - الطريق إلى القوة	5- Action
6- التوقع - الطريق إلى الواقع	6- Expectation
7- الالتزام - بذور الإنجاز	7- Commitment
8- المرونة - قوة الليونة	8- Flexibility
9- الصبر - مفتاح الفرج	9- Patience
10- النظام والانضباط - أساس التحكم في النفس	10- Discipline

القواعد السبع للنجاح:

وضعت فيونا هارولد في كتابها القواعد السبع للنجاح 7 Rules of Success القواعد التالية التي يمكن أن تساعدك على النجاح في الحياة والعمل:

القاعدة الأولى: كن شغوفا .. Be Passionate

فعلا.. الشغف هو القوة المحركة والدافعة التي تقف خلف كل الإنجازات الإنسانية الرائعة فبدون أن نعشق ما نقوم به لن تكون لدينا نجاحات.. وأعمالنا الناجحة يجب دائما أن توقع باسم الشغف..

القاعدة الثانية: مارس ثقتك في نفسك .. Practice Self-Belief

عندما ينتهي طريقك للنجاح أو يتوقف بك عند حد فتأكد أن هذا هو السقف الذي أخذتك إليه ثقتك بنفسك..

القاعدة الثالثة: اعمل أكثر .. Do More

كل الناجحين وبدون استثناء يعملون أكثر من الأشخاص العاديين..

القاعدة الرابعة: جازف أكثر .. Take More Risks

لا يأتي نجاح إلا بعد تجارب.. ومن منا تخلو تجاربه من الفشل؟!.. المجازفة تعني هنا عدم الخوف من الفشل.

القاعدة الخامسة: كن ملهما للآخرين .. Inspire Others

لأنك لا تعيش وحدك ولا تعمل وحدك وإن كنت ممن يحرصون على فعل النجاح كن ملهما لغيرك وهنا عليك أن تبقى مشبعا بالطموح حتى تشع على غيرك.

القاعدة السادسة: ثابر .. Persevere

الحماس الدائم يشعل فينا المثابرة والمواظبة وعدم التوقف في منتصف الطريق.. وطبعا كلنا نعلم أن الدؤوب هو من يصل لما يريد مهما كان ضعيفا.. فقطرة الماء تحفر الصخر.. ليس بالقوة.. إنما بالتكرار.

القاعدة السابعة: كن معطاء .. Be Generous

لا تعد الساعات التي عملت بها..! وتأكد أنك بتلك الساعات لا تعطي لعملك فقط بل لنفسك.. فبقدر ما نعمل.. بقدر ما نحيا..

العادات السبع للنجاح:

وضع ستيفن كوفي Stephen R. Covey في كتابه المشهور عن «العادات السبع لأكثر الناس فاعلية» The 7 Habits of Highly Effective People سبعة عادات هامة تساعدك على تحقيق النجاح في الحياة والعمل، يمكن رصدها كالتالي:

1- كن مبادئا ومبادرا.

1- Be Proactive.

97

2- ابدأ وعينك على النهاية.

2- Begin with the end in mind.

3- ابدأ بالأهم قبل المهم (ضع أوائل الأمور أولا أو في المقدمة).

3- Put first things first.

4- فكر بأسلوب مكسب/ مكسب

4- Think win / win.

5- أبحث أولا عن الفهم ثم أن يفهمك الآخرون.

5- Seek first to understand, then to be understandable by others.

6- أعمل مع المجموع.

6- Work with others.

7- أشحذ و زود طاقتك.

7- Sharpen the energy.

العادة الثامنة:

وفي كتابه العادة الثامنة The 8th Habit أضاف (ستيفن كوفي) عادة ثامنة إضافية تساهم في تحقيق النجاح للإنسان في الحياة والعمل. وتتكون العادة الثامنة من شقين هما:

1- إبراز قدرتك وتميزك أو صوتك الخاص.
2- إلهام الآخرين ليبرزوا قدراتهم أو أصواتهم الخاصة.

إن العثور على صوتك يعني أن تشارك في عمل يوظف مواهبك ويشعل حماسك. وهو يعني العثور على قدراتك الأكثر ارتباطا بذاتك وصفاتك. وبهذا يصبح الصوت كتابة عن جوهر الكيان الإنساني. فهو نقطة التقاء المواهب والحماس والوعي والحاجة، وبهذه الطريقة فإنك تنتقل من الفاعلية Effectiveness إلى النبالة Greatness

التعامل السليم والفعال مع المشكلات:

لا يوجد فرد أو جماعة أو منظمة أو مجتمع بدون مشكلات Problems. فالمشكلات ظاهرة حتمية في هذه الحياة الإنسانية. فعلى سبيل المثال لا يوجد إنسان بدون مشكلات ولا يوجد مدير بدون مشكلات ولا توجد منظمة بدون مشكلات. والعبرة هنا ليست في وجود هذه المشكلات، بل في الكيفية التي يتم التعامل بها مع تلك المشكلات.

فالمشكلات هي نقمة ونعمة في الوقت نفسه.

فهي نقمة لأنها تسبب الضرر والقلق والتوتر والخوف والخسائر، ولأنها تحتاج إلى الموارد والوقت والجهد لحلها أو علاجها.. إلا أن المشكلات أيضا نعمة لأنها قد تكون سببا في التطوير، وفرصة للنجاح، وتظهر العيوب، وتساهم في تدعيم مناطق القوة، وتقوي العلاقات.

ومن الفرضيات الهامة في البرمجة اللغوية العصبية Neuro Linguistic Programming (NLP) أن هناك حلا لكل مشكلة. حيث يرى كثير من الباحثين أنك حين تؤمن بوجود حل لأي مشكلة قائمة سيكون لديك فرص أكبر لإيجاد هذا الحل. عادة ما يكون التقديم أو العرض الأول للمشكلة لا يتضمن أسبابها الرئيسية، وعندما تتمكن من تحديد هذه الأسباب فإن ذلك يلقي بمزيد من الضوء عليها، وهنا يختفي الشكل الذي عرضت به أولا، وتظهر المشكلة على حقيقتها. وهذا يؤكد مقولة أنه ليس هناك فشل، هناك فقط تغذية عكسية أو مرتدة.

قد تكون المشكلة كما عرضت جزءا من التعلم الذي يقودك في النهاية إلى تحقيق هدفك. وعلى الرغم من أنها قد تعتبر عائقا على الطريق، إلا أنه يمكنك إزالتها، أو الالتفاف من حولها، أو القفز فوقها، أو قد تكتشف طريقا آخر تستخدمه، والنظر إلى المشكلات بهذه الطريقة يجعل أي مشكلة وكأنها درجة تخطو عليها لتصل إلى الدرجة الأعلى والتي توصلك إلى غايتها النهائية. وكما يؤكد كثير من رجال الأعمال فإن كل مشكلة تمثل فرصة. والأمر يتوقف على رؤيتك.

أخطاء يتم الوقوع فيها عند التعامل مع المشكلات:

هناك أخطاء عديدة يتم الوقوع فيها عند التعامل مع المشكلات، يجب على أي فرد أو جماعة أو منظمة أو مجتمع تجنب الوقوع فيها. من هذه الأخطاء نذكر:

1- إنكار المشكلة.

2- تصغير المشكلة.

3- تكبير المشكلة.

4- التهوين من المشكلة.

5- الهروب من مواجهة المشكلة.

6- القفز إلى الحلول بدون دراسة وتشخيص المشكلة.

7- التحيز وعدم الموضوعية عند دراسة المشكلة.

8- النظرة غير الشاملة للمشكلة.

9- النظر إلى المشكلة من منظور واحد أو من منظور تخصص واحد.

10- تقليد الآخرين في حل المشكلات.

11- تطبيق حلول جاهزة.

12- عدم الاهتمام بخطوة اقتراح الحلول العديدة أو البديلة للمشكلة.

13- عدم الاهتمام بتقييم الحلول العديدة أو البديلة المطروحة لحل المشكلة.

14- عدم الموضوعية في تقييم هذه الحلول.

15- استخدام معلومات قديمة أو غير مرتبطة أو ثانوية أو غير دقيقة.

16- الاستفادة الشخصية من المشكلة أو من حلولها.

مقياس القدرة على حل المشكلات :

المجموعة الأولى:

م	العبـــــــارات	أوافق 1	أوافق إلى حد ما 2	لا أوافق 3
-1	إذا فشلت جهودي لحل مشكلة خاصة بي، لا ألجأ عادة إلى تحري أسباب هذا الفشل.			
-2	إذا واجهتني مشكلة معقدة، فليس من عادتي التخطيط المنظم لها.			
-3	عندما تواجهني مشكلة ما، عادة لا أجمع المعلومات عنها .			
-4	إذا تعثرت أول خطوة لي لحل مشكل تواجهني، فإنني أفقد القدرة على المواصلة.			
-5	بعد حل أي مشكلة لي، فإنني عادة لا أراجع الخطوة التي قمت بها.			
-6	لا أرى نفسي- مبدعا ومفكرا جيدا لحل أية مشكلة تواجهني .			
-7	إذا واجهتني مشكلة ما، فإنني عادة لا أحاول ترجمة مظاهرها السطحية إلى أسبابها الحقيقية.			
-8	جميع مشكلاتي معقدة.			
-9	جميع مشكلات العمل التي تواجهني معقدة.			
-10	أحيانا أتوه وأشعر بالشرود عندما تواجهني مشكلة مفاجئة.			

-11	عندما تـواجهني مشـكلة، يـذهب تفكـيري إلى العوامـل الخارجية للمشكلة فقط.			
-12	عندما أواجه مشـكلة مـا، فـإنني عـادة أسـلك لحلهـا أي خاطرة تخطر على بالي.			
-13	عندما تـواجهني مشـكلة مـا، عـادة مـا أقفـز إلى خطـوة الحل لأنها تريحني وتقلل القلق والتوتر لدي.			
-14	كثيرا ما اتخذت قرارات سريعة ندمت عليها بعد ذلك.			
-15	عادة ما أقوم فورا بالخطوات التي أراها لحل المشكلة في لحظة حدوثها أو اكتشافها.			
-16	عنـد حـدوث مشـكلة لي، فـإنني ألجـأ إلى مـا فعلتـه في السابق من حلول لمشكلات متشابهة.			
	المجمـوع =			

المجموعة الثانية:

م	العبـــــــارات	أوافق 1	أوافق إلى حد ما 2	لا أوافق 3
1-	خلال حل مشكلة لي، عادة أتوقف عند كل خطوة لتقييمها وتوقع ما يحدث.			
2-	عند حلي لمشكلة ما، فإنني عادة أبحث عن جميع الاختيارات أو الحلول لها، حتى استقر على الأفضل			
3-	أشعر بأنني قادر على حل كافة المشكلات المستعصية حتى لو بدت مستحيلة الحل.			
4-	قراراتي التي اتخذها غالبا ما تسعدني فيما بعد.			
5-	غالبا ما أتريث وأفكر عندما تواجهني مشكلة ما وذلك لكي أخطط لها.			
6-	عند اتخاذ قرار معين فإنني عادة أذنه وأقيمه من خلال عدة معايير منها السلامة والقبول.			
7-	عندما أخطط لحل مشكلة تواجهني، فإنني عادة على ثقة بأنها الأفضل.			
8-	أرى أنني قادر على حل مشكلاتي في العمل إذا ما منحت الوقت والإمكانات.			
9-	أشعر بأنني قادر على حل مشكلات العمل حتى غير المألوفة منها.			
10-	تفكيري غالبا منطقي يحلل ويقيم ويتوقع ويقارن بين البدائل.			
11-	عند مواجهة مشكلة ما فعادة أحدد العوامل الداخلية والخارجية المؤدية لها.			

-12	عند مواجهة مشكلة ما فعادة أحدد العوامل الذاتية (الشخصية) والموضوعية (البيئية) المؤدية لها.			
-13	إذا واجهتني مشكلة ما، غالبا أقوم بدراستها وجمع المعلومات عنها من أكثر من مصدر.			
-14	عادة ما أحاول معرفة أين توجد المشكلة أساسا بدلا من تقرير مظاهرها السطحية.			
-15	غالبية توقعاتي لقرارات اتخذتها لمواجهة مشكلتي صحيحة.			
	المجمـوع =			
المجموع الكلي = مجموع المجموعة الأولى + مجموع المجموعة الثانية				

تفسير النتائج:

1- إذا حصلت على 76 درجة فأكثر، فأنت لديك القدرة على حل المشكلات بدرجة كبيرة.

2- إذا حصلت على 53 درجة حتى 75 درجة فإن قدرتك على حل المشكلات متوسطة.

3- إذا حصلت على 52 درجة فأقل فإن قدرتك على حل المشكلات ضعيفة.

استقصاء: هل أنت ناجح في عملك ؟

أجب من فضلك «بنعم» أو «أحيانا» أو «لا» عن الأسئلة التي ستقيس درجة نجاحك في عملك:

1- هل تفعل شيئا واحدا (مهمة واحدة) في الوقت الواحد؟

نعــم ☐   أحيانا ☐   لا ☐

2- هل تقيم ما تفعله كل يوم في عملك؟

نعــم ☐   أحيانا ☐   لا ☐

3- هل تحاول أن تبتكر أساليب أو أشكالا أو طرقا جديدة في عملك؟

نعــم ☐   أحيانا ☐   لا ☐

4- هل تحترم رؤساءك في أغلب الأحوال؟

نعــم ☐   أحيانا ☐   لا ☐

5- هل تتعاون مع زملائك عندما يتطلب الأمر ذلك؟

نعــم ☐   أحيانا ☐   لا ☐

6- هل يستشيرك زملاؤك في بعض أمور العمل؟

نعــم ☐   أحيانا ☐   لا ☐

7- هل معدل غيابك عن العمل قليل جدا؟

نعــم ☐   أحيانا ☐   لا ☐

8- هل تأتي مبكرا إلى عملك في معظم الأحيان؟

نعــم ☐   أحيانا ☐   لا ☐

9- هل يلجأ لك رئيسك عند حدوث مشكلات في العمل؟

نعــم ☐   أحيانا ☐   لا ☐

10- هل تسعى لأن يرشحك رئيسك لدورة تدريبية سوف ترفع من كفاءتك في العمل؟

نعـم ❑ أحيانا ❑ لا ❑

11- هل تتمنى أن تحصل على موقع رئاسي في مكان عملك؟

نعـم ❑ أحيانا ❑ لا ❑

12- هل تعرف القوانين واللوائح المنظمة لعملك وتحتفظ بنسخة منها؟

نعـم ❑ أحيانا ❑ لا ❑

13- هل قدمت أفكارا جديدة ساهمت في تحسين العمل في الإدارة أو المؤسسة التي تعمل بها؟

نعـم ❑ أحيانا ❑ لا ❑

14- هل تعرف العلاقة بين عملك الذي تقوم به وكيف يساهم في تحقيق أهداف مؤسستك؟

نعـم ❑ أحيانا ❑ لا ❑

15- هل تشعر بالسعادة في عملك؟

نعـم ❑ أحيانا ❑ لا ❑

16- هل تقرأ الصحف والمجلات أثناء وقت العمل؟

نعـم ❑ أحيانا ❑ لا ❑

17- هل تقوم بإجراء مكالمات تليفونية شخصية أثناء وقت العمل؟

نعـم ❑ أحيانا ❑ لا ❑

18- هل تدير وقت العمل بشكل جيد؟

نعـم ❑ أحيانا ❑ لا ❑

19- هل ترى نفسك مخلصا في عملك؟

نعـم ❑ أحيانا ❑ لا ❑

20- هل شعارك التخطيط والتنظيم لكل شيء؟

نعـم ❑ أحيانا ❑ لا ❑

التعليمات:

1- أعط لنفسك درجتان في حالة الإجابة بـ «نعم»، ودرجة واحدة في حالة الإجابة بـ «أحيانا»، وصفرا في حالة الإجابة بـ «لا» عن جميع الأسئلة ما عدا السؤالين 16 و 17 فتعطي لنفسك درجتين في حالة الإجابة بـ «لا»، ودرجة واحدة بـ «أحيانا»، وصفرا في حالة الإجابة بـ «نعم».

2- اجمع جميع درجاتك عن جميع الأسئلة.

تفسير النتائج:

أ - إذا حصلت على 28 درجة فأكثر، فأنت ناجح في عملك، استمر على ذلك فأنت تعرف وصفة النجاح. أنتبه إلى بعض المضايقات من زملائك حتى لا تعوق مسيرتك.

ب- إذا حصلت على 14 - 27 درجة، فأنت ناجح في عملك بدرجة متوسطة. لديك بعض مقومات النجاح. حاول أن تستكمل الباقي، ويمكنك الرجوع إلى الاستقصاء مرة أخرى للتعرف عليها.

ج- إذا حصلت على 13 درجة فأقل، فأنت غير ناجح في عملك، العمل لديك توقيع بالحضور والانصراف والتواجد بالجسم لا بالعقل والقلب لابد أن تغير من أسلوبك في العمل. ننصحك أن تحب عملك وأن تخلص له فهو يمثل جزء من حياتك ومورد رزقك.

عليك أن تتعلم وتسأل وتحاول وسوف تنجح، النجاح ليس مقتصرا على أناس دون أناس آخرين.

أطلب من رئيسك أن يساعدك وابدأ هذا التغيير من الآن، ولتكن أول خطوة الاشتراك في برنامج أو دورة تدريبية ترفع من مستوى أدائك.

الفصل الخامس

_____

تمكين الأداء المتميز

_____

أشتمل هذا الفصل على:

  📖   بؤرة التركيز الداخلية والخارجية.

  📖   المفاضلة المعيارية للتميز.

  📖   ربط الخطط بقياس الأداء.

  📖   القيمة مقابل النقود.

«من طبيعة البشر أنهم يكافحون بحماس في سبيل تحقيق هدف ما عندما يكونون ملتزمين. ضع أفرادك في موقف يكون خيارهم الوحيد فيه هو الالتزام بتحقيق أهدافك وسوف يحرزون نجاحا يفوق إمكاناتهم».

(صن تزو)

بؤرة التركيز الداخلية والخارجية:

يطرح ستيفن كوفي Stephen R. Covey (1992) ما يسميه بـ «بيان الرؤية Vision الشاملة» ونصه: «تحسين الرفاهية الاقتصادية وجودة حياة جميع الأطراف صاحبة المصلحة».

ويشير كوفي بذكاء إلى أن هذا البيان لا ينبغي بأي حال من الأحوال أن يحل محل أهدافك التنظيمية، ولكنه يمكن أو يوجه أو يرشد عملية تحديدها وأن يوفر سياقا وتماسكا لكل شيء عداها. وتوجد حاجة هنا للإحساس بالمراقبة Stewardship، والمقصود ليس فقط مراقبة الإشراف على رؤية المنظمة للمكان الذي تريد أن تكون فيه في المستقبل، بل هي مراقبة وإشراف على مصالح كل الأطراف - داخل وخارج المنشأة معا - التي لها مصلحة في رفاهة (أو فشل) المنظمة في رحلتها نحو تلك الرؤية.

وهذه الفكرة ليس ببعيدة جدا عن مفهوم جون أدير John Adair الأصلي الخاص بالحاجة إلى إيجاد ترابط وتوازن بين الاهتمام بالمهمة وترابط أفراد الفريق والحاجات الفردية إذا كنا نعتبر - مثلما قلت آنفا - أن «الفريق» يضم كافة الأطراف الرئيسية صاحبة المصلحة في تحسين الأداء.

إن الطبيعة الشاملة لهذا البيان والمبادئ عالية المستوى التي يرتكز عليها تجعله صالحا للتطبيق على المنظمات في القطاع العام والخاص، ويعود ذلك بصورة جوهرية إلى أنه ذو توجه خارجي ولا يتوخى المصلحة الذاتية. ويوجد هنا افتراض - بل معرفة مؤكدة - مفاده إنك إذا اعتنيت بزبائنك وجميع الأطراف الأخرى صاحبة المصلحة، وكافحت لتحسين رفاهتهم الاقتصادية فسوف تضمن رفاهة المنظمة ذاتها.

ومعظم بيانات الرؤية تكون موجهة تقليديا نحو مصالح الأطراف صاحبة المصلحة، لكن شهوة الحصول على البيض الذهبي ينتج عنها في أحيان كثيرة استغلال الأوزة واعتلال صحتها وحتى موتها. وذاك مجاز «زراعي» آخر يذكرنا بأن المنظمات - سواء في القطاع العام أو الخاص - نظم حية تحتاج إلى الرعاية والتغذية لكي يأتي أداؤها على النحو الأمثل. ويكون الأمر مؤسفا بالنسبة للأفراد المعنيين عندما تضطر شركات الإنتاج إلى تسريح العاملين من الخدمة بسبب المنافسة أو قوى السوق في أجزاء من السوق العالمية حيث تكاليف العمالة منخفضة فيها.

ويبدو الأمر مأسويا بصفة خاصة عندما يحدث الشيء ذاته للمنشآت المعرفية حيث يتم التخلص من الأفراد الأعلى تدريبا والأكثر موهبة مثل مصممي أو مهندسي الحاسب الآلي - عادة نتيجة لعمليات الابتلاع أو الامتصاص بهدف خفض التكاليف والمحافظة على الربحية على المدى القصير. وقد حدث في حالة حديثة زمنيا أن تم فصل المئات من العاملين المعرفيين الأكفاء، فيما أنفقت الملايين على تصميم شعار جديد للشركة لتحديث صورتها ويحظى بالجاذبية في كل ركن من أركان المعمورة. يا له من ثمن فادح لبيان الرؤية الشامل لستيفن كوفي في مثل هذه الأحوال!.

إن بيان الرؤية لابد أن يكون طموح وعالي المستوى ولابد أن يحتل قمة هرم الأهداف، ويتتابع هرم الآليات والعمليات المصممة لتحقيق هذه الأهداف هبوطيا أولا للتصدي لعدد صغير نسبيا من مجالات النتائج الرئيسية والأهداف الإستراتيجية ثم في النهاية لمجموعة النشطة والمدخلات الفردية الضرورية لتحقيق الرؤية. غير أن الغالبية العظمى من هذه الآليات والعمليات هي في جوهرها أمور داخلية. وينبغي أن نتذكر أن العدالة لا ينبغي فقط تحقيقها، بل يجب أيضا أن يكون تحقيقها منظورا.

إننا بحاجة إلى إيجاد السبل لربط الأدوات والمناهج والعمليات بالأشياء التي تهم الزبائن والأطراف الأخرى صاحبة المصلحة، وإلى وصف وإيضاح الطرق التي يمكن من خلالها إظهار الأداء الناجح لهم بأساليب ذات معنى، وهذا بالضبط ما نجح مفهوم مواثيق خدمة العملاء وبرنامج تشارتر مارك Chartermark في المملكة المتحدة في تحقيقه

في القطاع العام في البداية ثم في عالم الأعمال بعد ذلك، وسرعان ما أصبحت المردودات المحتملة لرفع مستوى المعايير باستمرار بالنسبة لجميع الأطراف صابحة المصلحة واضحة جلية.

المفاضلة المعيارية للتميز

يمكن أن نقول أن مصفوفة الأداء المتوازن تساعد الفريق التنفيذي على ضمان المحافظة على توازن مماثل بين المنظورات الداخلية والخارجية، كذلك فإن نموذج التميز الخاص بالمؤسسة الأوروبية لإدارة الجودة أداة عملية وصديقة للمستخدم للتعرف على كثير من مجالات التحسين المتصلة بالعمليات ومصالح الأطراف صاحبة المصلحة، وكان ذلك خلال المراحل التحليلية لعملية التخطيط الاستراتيجي لدراسة كافة جوانب الأنشطة والعمليات التي يمكن أن تؤثر في استراتيجيات التحسين وهيكلتها، وكأن أيضا من أجل أداء المهمة الصعبة المتمثلة في تحديد الموازنة بين الأولويات القليلة الحيوية الواجب إدراجها في الخطة التشغيلية السنوية.

وتعد المفاضلة المعيارية (أو التقويم المقارن) للتقدم المحرز في التحسين المتواصل الاستخدام الأكثر شعبية وتأثيرا لمثل هذه الأدوات، مثل نظام جوائز مالكولم بولدريدج للجودة بالولايات المتحدة وبصفة خاصة نموذج التميز الخاص بالمؤسسة الأوروبية لإدارة الجودة في أوروبا. ويمكن إجراء هذه المفاضلة المعيارية بالقياس إلى درجة أساس يتم اشتقاقها في أول مرة يجرى فيها الفريق التنفيذي عملية تقويم ذاتي (باستخدام نظم احتساب الدرجات أو النقاط الموصى بها والمقبولة دوليا) أو من درجات سابقة.

كما يمكن أيضا إجراؤها بالقياس إلى الدرجات المنشورة للمنافسين المعروفين أو للمنظمات المماثلة، أو بهدف الحصول على اعتماد مؤهل للحصول على جوائز دولية أو اكتساب صفة «الأفضل في المجال». ويوجد كم وفير من المواد الجيدة في الحقل العام ومتاح على شبكة الإنترنت لمساعدة قادة الأعمال المهتمين بقيادة فرق الإدارة التنفيذية التابعة لهم في عملية المفاضلة المعيارية أو التقويم الذاتي من أجل التميز، كما يوجد أيضا

عدد من الشركات الاستشارية العريقة على جانبي المحيط الأطلنطي والقادرة على تسهيل العملية ومن ثم تمكين القائد أو القادة أنفسهم من أن يكونوا مجرد عضو آخر في الفريق عندما يخضع نفسه لهذا الفحص الدقيق.

ربط الخطط بقياس الأداء

إن الخطط التشغيلية ذاتها يجب أن تحتوي على مؤشرات أداء وأهداف متصلة بأداء الخدمة قابلة للقياس، ومن شأن تحليل العمل إلى أجزاء صغيرة يمكن محاسبة المديرين والموظفين عليها أن يوضح التوقعات ويساعد في إدارتها. وقد لا يكون بعض الموظفين معتادا على أن يكون في موقع المسئولية بهذه الطريقة، وربما يميل إلى مقاومة هذا الوضع أو الخوف منه في بادئ الأمر، غير أن الكثيرين سرعان ما سيفضلون حقيقة أنهم يعرفون المتوقع منهم، وأنه ستتاح لهم الفرصة للموافقة عليه، وغالبا ما تكون النتيجة الطبيعية لذلك هي تركهم لينسجموا ويتوافقوا معه، من خلال إعطائهم نتائج ينبغي عليهم تحقيقا وليس أعمالا ومهاما لأدائها.

إن النظام يكون ممكنا إذا أحسن استخدامه، ولذا فإن من السهل رؤية كيف يمكن استخلاص الأهداف الشخصية (وأيضا تلك الخاصة بالفرق) من الخطة الكلية وإدراجها ضمن اتفاقيات أداء فردية يمكن أن تشكل جزءا من نظام مراجعة وتقييم الأداء بالمنظمة، ويكمل الاستخدام الفعال لنظام التقييم ذاك عملية دورة إدارة الأداء من منظور مؤسسي داخلي بحت، غير أننا بحاجة مع ذلك إلى بحث الأساليب الكفيلة بتفعيل ذلك الاستخدام تماما من منظور الأفراد من خارج المنظمة الذين يتفاعلون معها في بيئتها التشغيلية والذين لا يتصلون أبدا بهذه العمليات الداخلية اتصالا مباشرا.

القيمة مقابل النقود

يمكن القول بأن الفعالية الكاملة لن تتحقق لاستخدام نظام التقييم إلا إذا أوجدنا آليات لمراقبة وتقييم المنظور الخارجي - ما يعتقده العملاء، ما تعتقده المنظمات الشريكة مثل الموردين والموزعين، وما هو التأثير الكلي لعملياتنا على المجتمع بوجه عام. ومن أجل هذه المؤشرات، يجب علينا الاهتمام بمسوح رضا العملاء، الاستبيانات، المجموعات البؤرية، اجتماعات الشراكة المنتظمة (والاتفاقيات)، أو مواثيق خدمة العملاء المتضمنة وعودا بحسن أداء الخدمة بلغة واضحة ومباشرة، الآليات الفعالة المرتدة أو الشكاوي والإصلاح (أو العلاج) ونشر مقاييس الأداء محل المفاضلة المعيارية.

باختصار، لكل مقياس نستخدمه داخليا، ينبغي أن نسعى لإيجاد مصدر معادل (أو مكافئ) لأدلة تثبت أن المقياس هو في واقع الأمر صحيح وسليم من حيث ما نحتاج إلى معرفته حقا. هل هناك صلة سبب ونتيجة مباشرة ويمكن البرهنة عليها بالإدراك الخارجي للقيمة مقابل النقود؟

علاوة على ذلك، ينبغي أن نصل إلى قناعة بأن الأفراد على كافة المستويات في المنظمة يفهمون هذا البعد، فإذا كانت منظمة في القطاع العام، هل يفهمون حقا سبب وجود وظائفهم ومن أجل مصلحة من؟ إنهم يفعلون ذلك بصورة متزايدة، ولكن حيث تحقق تحول في النموذج، استلزم ذلك قيادة ملهمة بصورة غير عادية، وتطلب ذلك بدوره إظهاره من القمة إلى القاعدة في أنحاء المنظمات التي قامت بالتحول إلى أساليب جديدة في العمل ونظرة جديدة للعالم.

قد مكن النموذج الجديد الأفراد على كافة المستويات من اكتشاف وتنمية واستخدام إمكاناتهم ومهاراتهم القيادية الكامنة في الواقع، ويحفز ذلك بدوره الآخرين ويشجعهم وينتج عنه دورة متصلة للتحسين المتواصل، وخاصة في الأنواع المناسبة من اتخاذ القرار، وتتعلم المنظمة التي تقتدي بالقيادة، كيف تكون أكثر فعالية وأيضا أكثر

كفاءة، فيتم تسجيل نتائج متميزة داخليا وتعود منافع غير عادية على جميع الأطراف صاحبة المصلحة. وفي الحالات التي يتحقق فيها ذلك بصورة طيبة، تكون القيادة وليس نظام إدارة الأداء هي المصدر الأساسي للتأثير، فالأخير يمكن فقط أن يكون أداة لدعم القيادة وممارسات الإدارة الفعالة.

الفصل السادس

واجبات العاملين والأعمال
المحظورة عليهم

أشتمل هذا الفصل على:

📖   مقدمـة.

📖   واجبات الوظيفة العامة.

📖   الأعمال المحظورة على العاملين.

مقدمـة:

إذا أراد العاملون ومنظماتهم تحقيق الأداء المتميز فإن عليهم القيام بواجباتهم بالشكل المطلوب والمتوقع. وحتى يستطيع هؤلاء العاملون أن يضطلعوا بالعبء الملقى على عاتقهم فيجب أن يكونوا عارفين بواجباتهم، وقادرين على أدائها مراعين في ذلك: أهداف وخطط ومعايير ولوائح المنظمة التي يعملون بها وقوانين الدولة...، وأن لا يقوموا بالأعمال المحظورة التي حددتها المنظمة والقوانين المعنية.

واجبات الوظيفة العامة:

تقسم المستشارة نجوى محمد الصادق واجبات الوظيفة العامة في مصر إلى ستة أقسام هي كالتالي:

1- واجب أداء العمل بنفسه بدقة وأمانه، فعلى الموظف أن يؤدي بنفسه ما يكلف به وليس له أن يسنده إلى الغير وأن يستدعي شخصا من غير الموظفين لأدائه، وينبغي عليه أداؤه بدقة، وحرص وعناية، وأن يتجرد في أدائه من أي مصلحة خاصة أو منفعة يحصل عليها ممن أدى له الخدمة.

2- الطاعة ومقتضاها أن يخضع الموظف الأدنى درجة للموظف الأعلى درجة، وهو ما يعرف بالسلطة الرئاسية أو التسلسل الرئاسي، وصور الطاعة تختلف حسب طبيعة الوظيفة فطاعة العسكريين أشد مما يتطلب من الموظف المدني رغم أن المقرر بالنسبة للكافة أن يطيعوا الرؤساء، ويلاحظ أن الطاعة لا تصل بالموظف إلى حد ارتكاب جريمة عامة.

أما إذا كان الأمر الكتابي الصادر من الرئيس ينطوي على مخالفة لتعليمات العمل المقررة، فإن العامل المنفذ لذلك الأمر لا يعفى من العقاب التأديبي إلا إذا ثبت أن الأمر كان كتابيا، وأنه نبه رئيسه كتابة إلى وجه المخالفة في ذلك الأمر، وذلك قبل تنفيذه، وفي هذه الحالة تكون المسئولية الإدارية على الرئيس مصدر الأمر الخاطئ.

3- عدم الانقطاع عن العمل إلا في حدود الإجازات المقررة وهذا الواجب المنصوص عليه بالمادتين (62) و(74) من قانون نظام العاملين المدنيين بالدولة.

4- المحافظة على أسرار العمل وعدم إفشائها، وله صور أربع:

أ - عدم إفشاء الأمور التي يطلع عليها بحكم عمليه إذا كانت سرية بطبيعتها ويظل الالتزام بالسرية مستمرا حتى بعد ترك الخدمة.

ب- حظر الإفضاء بأي تصريح أو بيان للصحف عن أعمال وظيفته إلا بتصريح كتابي من الرئيس المختص.

ج- حظر احتفاظ الموظف لنفسه بأصل الأوراق الرسمية أو نزع الأصول من ملفاتها المخصصة لحفظها.

د- حظر مخالفة إجراءات الأمن العام والخاصة والصادر بها قرار من السلطة المختصة.

5- مراعاة القوانين واللوائح والأحكام والقواعد المالية، وهي المنصوص عليها تفصيلا بالفقرات 1 و2 و3 و4 و5 و6 من المادة (77) من قانون نظام العاملين المدنيين بالدولة ونصها الآتي:

يحظر على العامل مخالفة القواعد والأحكام المنصوص عليها في القوانين واللوائح المعمول ومخالفة الأحكام الخاصة بضبط الرقابة على تنفيذ الموازنة العامة ومخالفة اللوائح والقوانين الخاصة بالمناقصات والمزايدات والمخازن والمشتريات وكل القواعد المالية والإهمال أو التقصير الذي يترتب عليه ضياع حق من الحقوق المالية للدولة وأحد الأشخاص العامة الأخرى أو الهيئات الخاضعة لرقابة الجهاز المركزي للمحاسبات أو المساس بمصلحة من مصالحها المالية أو يكون من شأنه أن يؤدي إلى ذلك بصفة مباشرة - وعدم الرد على مناقضات الجهاز المركزي للمحاسبات أو مكاتباته بصفة عامة أو تأخير الرد عليها.

ويعتبر في حكم عدم الرد أن يجيب العامل إجابة الغرض منها المماطلة والتسويف،

وعدم موافاة الجهاز المركزي للمحاسبات بغير عذر مقبول بالحسابات والمستندات المؤيدة لها في المواعيد المقررة لها أو بما يطلبه من أوراق أو وثائق أو غيرها، يكون له الحق في فحصها أو مراجعتها أو الإطلاع بمقتضى قانون إنشائه.

6- النأى عن مواطن الشبهات وما يمس كرامة الوظيفة. وهي النواهي المنصوص عليها بالفقرات من 9 إلى 14 من المادة (77) من قانون نظام العاملين المدنيين بالدولة وبيانها الآتي:

الأعمال المحظورة على العاملين:

هناك العديد من الأعمال المحظورة على العاملين حددها قانون نظام العاملين المدنيين بالدولة (في جمهورية مصر العربية) وتعرضها المستشارة نجوى محمد الصادق كالتالي:

● يحظر على العامل أن يحتفظ لنفسه بأصل أي ورقة من الأوراق الرسمية أو ينزع هذا الأصل من الملفات المخصصة لحفظه ولو كانت خاصة بعمل كلف به شخصيا - أن يخالف إجراءات الأمن الخاصة والعامل التي يصدر بها قرار من السلطة المختصة - أن يجمع بين وظيفته وبين أي عمل آخر يؤديه بالذات أو بالواسطة إذا كان من شأن ذلك الإضرار بأداء واجبات الوظيفة أو كان غير متفق مع مقتضياتها وذلك مع عدم الإخلال بأحكام القانون رقم 125 لسنة 61 بقصر تعيين أي شخص على وظيفة واحدة: أن يؤدي أعمالا للغير بأجر أو مكافأة أعمال القوامة أو الوصاية أو الوكالة عن الغائبين أو المساعدة القضائية إذا كان المشمول بالوصاية أو القوامة أو الغائب أو المعين له مساعد قضائي ممن تربطهم به صلة قربى أو نسب لغاية الدرجة الرابعة، وأن يتولى أعمال الحراسة على الأموال التي يكون شريكا أو صاحب مصلحة فيها أو مملوكة لمن تربطهم به صلة قربى أو نسب لغاية الدرجة الرابعة، وذلك بشرط إخطار الجهة الرئاسية التابع لهما بذلك - أن يشرب الخمر أو أن يلعب القمار في الأندية أو المحال العامة. ويحظر على العامل بالذات أو الواسطة.

● قبول أي هدايا أو مكافأة أو عمولة أو قرض بمناسبة قيامه بواجبات وظيفته.

● أن يجمع نقودا لأي فرد أو لأية هيئة أو أن يوزع منشورات أو يجمع إمضاءات لأغراض غير مشروعة.

● أن يشترك في تنظيم اجتماعات داخل مكان العمل دون إذن الجهة التي تحددها السلطة المختصة. مع مراعاة أحكام القانون رقم 35 لسنة 76 بإصدار قانون النقابات العمالية.

● أن يشتري عقارات أو منقولات مما تطرحه السلطات القضائية أو الإدارية للبيع إذا كان ذلك يتصل بأعمال وظيفته.

● أن يزاول أي أعمال تجارية وبوجه خاص أن يكون له أي مصلحة في أعمال أو مقاولات أو مناقصات تتصل بأعمال وظيفته.

● أن يشترك في تأسيس الشركات أو يقبل عضوية مجالس إدارتها أو أي عمل فيها إلا إذا كان مندوبا عن الحكومة أو الهيئات العامة أو وحدات الحكم المحلي أو شركات القطاع العام.

● أن يستأجر أراضي أو عقارات بقصد استغلالها في الدائرة التي يؤدي فيها أعمال وظيفته إذا كان لهذا الاستغلال صلة بعمله.

● أن يضارب في البورصات ومن المعروف أن التحقيق الإداري منوط بإحدى جهتين:

- الجهة الرئاسية للموظف لأن مباشرة التحقيق هو امتداد للسلطة الرئاسية التي تملك الإشراف والرقابة والتوجيه

- النيابة الإدارية.

الفصل السابع

تقييم الأداء

أشتمل هذا الفصل على:

- 📖 تقييم الأداء.
- 📖 مقدمة.
- 📖 تعريف تقييم الأداء.
- 📖 أهداف تقييم الأداء.
- 📖 مجالات تقييم الأداء.
- 📖 مبادئ تقييم الأداء.
- 📖 الشروط اللازمة لوضع نظام فعال لتقييم الأداء.
- 📖 مراحل مراجعة وتقييم الأداء.
- 📖 مصادر بيانات تقييم الأداء.
- 📖 قياس الأداء.
- 📖 معايير الأداء.
- 📖 طرق تقييم الأداء.
- 📖 تقييم الأداء والتوصيف الوظيفي.
- 📖 نماذج تقييم الأداء.
- 📖 مشكلات تقييم الأداء.
- 📖 تحسين الأداء.
- 📖 الصفات التي يتمتع بها الأشخاص الذين يستطيعون شق طريقهم إلى القمة.

123

مقدمة:

إن الغرض من أي نظام لإدارة الأداء هو دعم وتوفير إطار لدور القيادة الخاص بالتشجيع على إيجاد النموذج الجديد المطلوب، والذي يجب أن يكون نموذجا للأداء المرتفع، ولذا يجب أن نجد طريقة جيدة لمراقبة وتقييم وتسجيل أداء الأفراد وجعل هذه العملية تنموية بالنسبة لهم وللمنظمة على حد سواء. والأسلوب المستخدم لـذلك عادة هو نظام تقييم الأداء Performance Appraisal or Assessment.

وعندما يتكلم الناس عن إدارة الأداء يفكرون عادة في تقييم الأداء فقط. وقد ظلت نظم التقييم لسنوات كثيرة تميل إلى التركيز على عملية الأداء (ومحاولة إعطاء تقدير للسلوك أو القدرات) أكثر من تركيزها على النتائج (المتصلة بالأهداف الشخصية المشتقة من الأهداف الواردة في الخطة المؤسسية).

وحاولت نظم كثيرة في وقت أقرب دمج تقييم كلا البعدين وفشلت عادة في مهمة المساعدة على تحسين أداء الأفراد. فما الحاجة إلى القيام بذلك طالما أنه لن يؤدي إلى تنمية الفرد والمنظمة معا؟ وعندما يحدث ذلك تتحول مقابلة تقييم الأداء السنوية إلى أحد الطقوس أو الشعائر التي يبغضها الجميع.

تعريف تقييم الأداء:

يعتبر تقييم الأداء جوهر عملية الرقابة. ولقد تعددت التعاريف التي ساقها الباحثون لهذا المفهوم. فعلى حين يرى البعض أن تقييم الأداء هو آخر حلقات العملية الإدارية، يرى آخرون أن عملية تقييم الأداء هي جزء من الرقابة، وعلى حين يرى أحد الباحثين أن عملية التقييم ترتبط بنهاية السنة المالية، يرى الآخر أنها عملية مستمرة ومصاحبة لتدفق الأنشطة.

ومن التعريفات المتاحة عن تقييم الأداء نذكر:

1- تقييم الأداء هو عملية تحليل وتقييم أنماط ومستويات أداء العاملين وتعاملهم وتحديد درجة كفاءتهم الحالية والمتوقعة كأساس لتقويم وترشيد هذه الأنماط والمستويات.

2- تقييم الأداء هو مجموعة الإجراءات التي تساعد في تجميع ومراجعة ومشاركة وإعطاء واستخدام المعلومات المتجمعة من وحول العاملين بهدف تحسين أداؤهم في العمل.

3- تقييم الأداء هو عملية مراجعة لتقويم منظومة تشمل كل أوجه السلوك الوظيفي أخذا في الاعتبار فاعلية العاملين ومدى مقابلتهم لمتطلبات الوظيفة ومسئولياتها.

4- تقييم الأداء هو قياس أداء أنشطة الموظف/العامل بالاستناد على النتائج التي حققها في نهاية الفترة المحاسبية التي عادة ما تكون سنة تقويمية واحدة. بالإضافة إلى معرفة الأسباب التي أدت إلى النتائج أعلاه واقتراح الحلول اللازمة للتغلب على النتائج السلبية، بهدف الوصول إلى أداء جيد في المستقبل.

5- تقييم الأداء هو الطريقة أو العملية التي يستخدمها أرباب الأعمال لمعرفة أي من الأفراد أنجز العمل وفقا لما ينبغي له أن يؤدى. ويترتب على هذا التقييم وصف الفرد بمستوى كفاية أو جدارة واستحقاق معين.

6- تقييم الأداء هي العملية التي تهدف إلى مراجعة واستعراض الأداء على أسس واضحة وبرنامج منظم كوسيلة دافعة لتطوير العمل وتحفيز العاملين للوصول إلى أقصى إمكاناتهم.

7- تقييم الأداء هو عملية تحليل دقيق لما يؤديه العامل من واجبات وما يتحمله من مسئوليات للوظيفة التي يشغلها، ثم تقييم هذا الأداء تقييما موضوعيا وفقا لنظام واف يكفل تسجيل عمل كل فرد ووزن متطلبات وظيفته بمقياس موحد عادل ودقيق يكون في النهاية ممثلا للكفاية الحقيقية للعامل في فترة زمنية معينة.

وفي ضوء ما سبق لابد من التمييز بين ثلاثة مصطلحات هامة في هذا المجال هي كالتالي:

1- متابعة الأداء: Performance Following Up

متابعة الأداء هي عملية تتم بشكل دوري ومستمر للتأكد من أن الذي يتم تنفيذه متفق مع ما هو موضوع في خطة العمل وميزانيته. بمعنى أن هدف متابعة الأداء التأكد من أن الأداء الحالي/الفعلي متفق مع الأداء المستهدف أم لا.

2- تقييم الأداء: Performance Appraisal or Assessment

لغويا يشير مصطلح التقييم إلى إثبات قيمة شيء ما. وتقييم الأداء هي عملية تهدف إلى تحديد إيجابيات وسلبيات أو مناطق القوة والضعف في الأداء الحالي/الفعلي للعاملين بشكل فردي أو جماعي في المنظمة.

3- تقويم الأداء: Performance Evaluation

يتم إجراء متابعة وتقييم الأداء بهدف تقويم الأداء. وتقويم الأداء هو عملية تهدف إلى تدعيم الإيجابيات ومناطق القوة في الأداء الحالي/الفعلي، والتغلب على السلبيات ومناطق الضعف في الأداء الحالي/الفعلي. وبالتالي يعتبر تقويم الأداء إحدى وسائل تطوير وتحسين الأداء لدى العاملين بالمنظمة.

أهداف تقييم الأداء:

حدد كل من جيل واوشر Gill & Locher أهداف تقييم الأداء في الآتي:

1- المساعدة في تحسين مستوى الأداء الفعلي/الحالي.

2- إحدى طرق تحديد الاحتياجات التدريبية للعاملين.

3- المساعدة في تخطيط المسار الوظيفي.

4- المساعدة في تخطيط الموارد البشرية.

ويضيف باركينسون Parkinson أهدافا أخرى هي كالتالي:

1- العدالة والدقة في المكافآت.

2- العدالة والموضوعية في الترقيات.

كذلك يقدم أحمد سيد مصطفى أهداف أخرى في هذا الشأن هي كالتالي:

1- تقويم سياسة الاختيار.

2- تقويم سياسة التعيين والنقل الإداري.

3- رسم أو تقويم سياسة التدريب والتطوير.

4- رسم أو تقويم سياسة الأجور والحوافز.

ويمكن إضافة الأهداف التالية لنظام تقييم الأداء:

1- إرجاع الأثر (التغذية العكسية) للمرؤوسين عن كيفية أدائهم لأعمالهم واقتراح التغييرات المطلوبة.

2- تحفيز المرؤوسين سواء بالاعتراف بالأداء الجيد أو الحث على تحسين الأداء المتواضع.

3- تبرير الزيادة أو النقص في الراتب، أو إعطاء الحوافز أو منعها، أو الترقية أو عدم تنفيذها، أو الاستمرار في الوظيفة أو خفض الدرجة الوظيفية أو إنهاء الخدمة، أو الاستمرار في نفس الموقع والمكان أو آخر..

مجالات تقييم الأداء:

هناك آراء عديدة في تحديد مجالات تقييم الأداء، نذكر منها:

الرأي الأول: يحدد مجالات تقييم الأداء في الآتي:

1- المعلومات

2- الاتجاهات

3- المهارات

الرأي الثاني: يحدد مجالات تقييم الأداء في الآتي:

1- الجودة.
2- كم الإنجاز في وقت محدد.
3- التكلفة.
4- السلوك

الرأي الثالث: يحدد مجالات تقييم الأداء في الآتي:

1-	الكمية (العدد)	Quantity
2-	الجودة (الكيفية)	Quality
3-	الوقت (الزمن)	Time
4-	الإجراءات (العملية)	Process

الرأي الرابع: يحدد مجالات تقييم الأداء في الآتي:

1-	الإنتاجية	Productivity
2-	الفعالية	Effectiveness
3-	الكفاءة	Efficiency
4-	النوعية	Quality
5-	تحقيق الربح	Profit Making
6-	النمو	Growth
7-	رضا العاملين	Employee Satisfaction
8-	رضا العملاء	Client Satisfaction
9-	التجديد والابتكار	Innovation

الرأي الخامس: يحدد مجالات تقييم الأداء بشكل تفصيلي في الآتي:

1- المهارة في أداء المهام.
2- عدد الوحدات المنجزة.

3- المعلومات.

4- الانضباط والالتزام بالمواعيد.

5- المبادأة والإيجابية.

6- نمط التعامل مع الزملاء والرؤساء والمرءوسين والعملاء.

7- الأخطاء الفنية في العمل.

8- مهارات الاتصال والقيادة وتحليل المشكلات واتخاذ القرارات (للرؤساء).

مبادئ تقييم الأداء

هناك مبادئ عديدة يجب الاسترشاد بها عند القيام بعملية تقييم الأداء حتى تحقق أهدافها وحتى تنجح في هذه المهمة. من هذه المبادئ نذكر:

1- مبدأ الوضوح Clarity:

بمعنى اعتماد كل من قياس وتقييم الأداء على معايير أداء وأهداف واضحة.

2- مبدأ الموضوعية Participation:

بمعنى ضرورة استخدام مفاهيم ومعايير موضوعية موحدة لقياس وتقييم العاملين في العمل الواحد أو المجموعة.

3- مبدأ الشمول Comprehension:

بمعنى شمول تقييم الأداء على كل من الإيجابيات والسلبيات أو على كل من مناطق القوة والضعف، بحيث لا يتم تغليب أحدهما على الأخرى، أو إدراك السلبيات دون الإيجابيات أو العكس.

4- مبدأ التكامل Integration:

بمعنى أن تتضمن بنود تقييم الأداء كل الجوانب الهامة في هذا الشأن وهي: المعارف والاتجاهات والسلوك والمهارات، لا أن يتم الاهتمام ببعض البنود وترك أخرى.

5- مبدأ الاستمرارية Continuity:

بمعنى ضرورة أن يكون تقييم الأداء عملية مستمرة ودائمة على مدار العام، وليس عملية موسمية تتم في شهر من شهور السنة فقط. فأثناء فترة الاختبار يتم تقييم الأداء بعد أول 3 شهور. وبإمكان رئيس أو مشرف العمل إجراء التقييم في أي وقت دون انتظار للتوقيتات المذكورة.

6- مبدأ المشاركة Participation:

بمعنى ضرورة مشاركة المرؤوس في جميع مراحل وخطوات عملية تقييم الأداء.

الشروط اللازمة لوضع نظام فعال لتقييم الأداء:

يعد تقييم أداء الفرد من أصعب المهام الرقابية حيث أن معايير التقييم نادرا ما تكون موضوعية ومباشرة. معظم الوظائف الإدارية وغير الإدارية لا تنتج منتجات يمكن قياسها وتقييمها بشكل موضوعي. هذا و هناك شروط عديدة لابد من مراعاتها عند وضع نظام فاعل لتقييم أداء العاملين.

ويشير علي محمد عبد الوهاب وآخرون إلى بعض هذه الشروط كالتالي:

1- تحديد الأهداف المطلوب تحقيقها من تقويم الأداء التي من خلالها يتم التعرف على الجوانب التي يرتكز عليها القياس والتقويم، وتشير الأهداف إلى الطرق والأساليب التي سوف تستخدم في عملية التقويم حيث تختلف هذه الطرق والأساليب باختلاف الأهداف والأغراض المطلوب تحقيقها وقد يكون الهدف من التقويم هو تحفيز العاملين على بذل المزيد من الجهد، وقد يكون استخدام التقويم في تطبيق نظام الحوافز أو زيادة أجور العاملين أو ترقيتهم إلى مناصب أعلى أو تخفيضهم إلى مناصب أقل وهذا يتطلب استخدام طرق وأساليب تختلف عن بعضها.

2- تحديد أنواع الوظائف التي سيقيم شاغلوها والمستويات الإدارية لهذه الوظائف والتي تساعد في تحديد واختيار أفضل الطرق والمقاييس لإجراء قياس دقيق

للأداء، فمن الصعوبة الاعتماد على مقاييس موحدة لتقويم أداء العاملين في الوظائف المختلفة ولجميع المستويات الإدارية وذلك لاختلاف التخصصات والمهارات والجوانب الفنية لكل وظيفة واختلاف الواجبات والمسئوليات المطلوبة من كل مستوى إداري.

3- تحديد عناصر الوظيفة التي يتم تقويم أداء العاملين من خلالها وتحدد هذه العناصر في ضوء الواجبات والمسئوليات المطلوبة من كل وظيفة، ويعتبر تحديد عناصر الوظيفة من الأمور الهامة حتى يمكن تحديد الأسس التي تستخدم في قياس هذه العناصر والتعرف على أداء الفرد لها.

4- التعرف على مكونات كل عنصر من عناصر الوظيفة ويتم تحديد المكونات من خلال تحليل الوظائف ووصفها وتوضع المقاييس والمؤشرات التي تستخدم في عملية قياس الأداء بالنسبة لكل مكون من مكونات العنصر وبحيث تكون هذه المقاييس والمؤشرات مؤسسة على مجال العمل بالنسبة للفرد شاغل الوظيفة.

هذا ويمكن إضافة الشروط التالية:

1- تحسين مصداقية تقييم الأداء ودرجة الوثوق به.
2- استخدام العديد من التقييمات بدلا من الاعتماد على تقييم مفرد.
3- تدريب المسئولين على تقييم الأداء.
4- التركيز في التقييم على معايير خاصة بالعمل.
5- تحسين وتوفير عملية التغذية العكسية Feedback .
6- ربط فرص شغل الوظيفة بنتائج التقييم.

مراحل مراجعة وتقييم الأداء:

يمكن تصوير مراحل عملية تقييم الأداء في الشكل التالي:

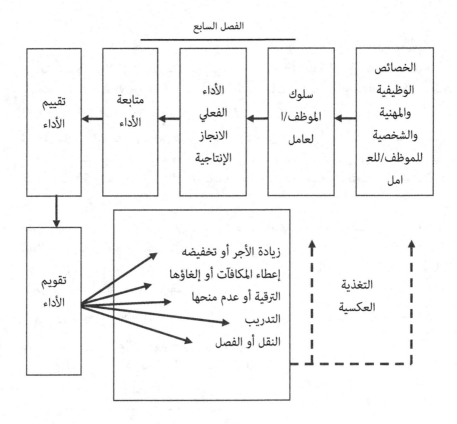

شكل رقم (11)
مراحل عملية تقييم الأداء

حدد بيتر ج. ريد Peter J. Reed أربعة مراحل لمراجعة وتقييم الأداء كالتالي:

المرحلة الأولى: الإعداد

من المفيد أن يخصص الموظفون والمدير المسئول عن تقييمهم بعض الوقت والتفكير للإعداد الجيد لمقابلة التقييم، وأعتقد أن تلك إحدى المهام التي سيميل الطرفان إلى إرجائها بلا شك إذا لم تكن محددة الإطار.

وبالتالي يفضل أن تكون هناك وثيقة تشكل المرحلة الأولى من مجموعة نماذج (أو استمارات) تقييم الأداء، وتعبر عن أفكار وأولويات المشاركين التحضيرية، ولذا يجب

أن تحتوي على أقسام تمكن من تسجيل الأفكار والاقتراحات بشأن الأهداف الشخصية، ونقاط القوة ومجالات التحسين، واحتياجات أو رغبات التدريب والتنمية والطموحات المستقبلية من منظوري الطرفين معا. ولا توجد ضرورة للاحتفاظ بها كجزء من مجموعة الأوراق الرسمية أو السجل الإلكتروني في حالة استخدامه.

المرحلة الثانية: اتفاقية الأداء

المرحلة الثانية من عملية التوثيق ينبغي أن يكون عبارة عن قائمة بالأهداف المشتقة مباشرة من أهداف الإدارة أو وحدة الأعمال، والتي ينبغي أن تكون محددة وقابلة للقياس وقابلة للتحقيق ووثيقة الصلة ومقيدة بإطار زمني، ويكفي عدد ستة أهداف، ولا مانع من أن يكون بعضها أهدافا جماعية يتوقع من الفرد المساهمة في تحقيقها.

فالنقطة الرئيسية هي أنه برغم أن هذه الأهداف يجوز في أحوال كثيرة صياغتها بمعرفة المدير أو مسئول التقييم، إلا أنه يجب أن يتفق عليها الطرفان وكذا أي أهداف أو مقاييس محتملة مرتبطة بها.

وتشكل هذه القائمة المتفق عليها الجزء الرئيسي من اتفاقية الأداء، وربما حتى تشكل عقد أداء إذا كان ذلك مناسبا، وقد يكون العقد ملائما في حالة رجال الإدارة العليا لجعلهم مسئولين وعرضه للمحاسبة بشكل كامل، أو في حالة الموظف المتعاقد معه بصفة مؤقتة طوال مدة مشروع ما - على سبيل المثال، وفي مثل هذه الأحوال يمكن أن يشكل عقد الأداء جزءا من عقد توظيفهم الرسمي.

وينبغي أيضا أن تنص اتفاقية الأداء على تسجيل الاتفاق بخصوص احتياجات التدريب والتنمية، إذ أن ذلك لا يسهم فقط في تحفيز الموظفين وطمأنتهم على أن تنميتهم الشخصية مهمة بالنسبة للمنشأة، بل يحدد أيضا تكلفة ذلك الاتفاق تمهيدا لإدراجها في الميزانية وجدولتها، كما يساعد أيضا في ضمان رؤية عملية المراجعة والتقييم بأسرها على أنها تنموية في جوهرها.

المرحلة الثالثة: مراجعة الأداء

المرحلة الثالثة من التوثيق ينبغي أن ينص على عقد اجتماع مراجعة عند نقطة وسيطة (بعد مرور ستة أشهر عادة) أثناء فترة التقييم التي تغطي في العادة السنة التشغيلية بالسنة التخطيطية. وتعطي هذه المقابلة الطرفين فرصة معرفة ما إذا كانت الأهداف المتفق عليها أصلا لا تزال وثيقة الصلة ومناسبة من حيث التوقيت.

فإذا لم تكن كذلك، يمكن تعديلها أو إضافة أهداف جديدة لها، ويمكن أيضا تسجيل ما إذا كان أي تدريب وتنمية مقترحين قد تم إجراؤهما أم لا، وتأثير ذلك.

ويوفر ذلك فرصة لمراقبة وتقييم ليس فقط شعور الموظف بأنه استفاد شخصيا من ذلك التدريب والتنمية، وإنما أيضا تحديد ما إذا كان التدريب مناسبا وفعال التكاليف في سياق قدراتهم وأدائهم المحسن.

المرحلة الرابعة: تقييم الأداء

أخيرا وصلنا إلى المرحلة الرابعة من التوثيق والذي يسجل مقابلة التقييم التي غالبا ما تدخل الرهبة في النفس. هذا التقييم مرادف لمصطلح «إدارة الأداء» في أذهان معظم الناس، ولكني آمل أن أكون قد نجحت في توضيح أنه مجرد حلقة واحدة في سلسلة... مجرد قطعة واحدة في لعبة الصورة المقطوعة المنظومية.

ومن فوائد قصر التقييم على مناقشة والحكم على تحقيق الأهداف أنه سيكون بالنسبة لمعظم الأفراد أقل تهديدا لأنه سيتناول كميات معروفة ومن ثم يحتمل ألا يحمل لهم أي مفاجآت كريهة. إنه سيكون موضوعيا بمعنى الكلمة، ولكننا بمجرد أن ندخل قضية تقييم الكفاءة أو إعطاء درجات للأفراد بالقياس إلى توصيفات الكفاءة (ونحكم بالتالي على سلوكهم) حتى ندخل منطقة خطرة وربما ذاتية.

ومع ذلك فربما يكون صحيحا أن بعض الأفراد (خاصة المديرين) يمكنهم أن يحققوا نتائج جيدة ظاهريا - وبالتأكيد مطلوبة - من خلال التعامل بقسوة واستعلاء

مع موظفيهم على نحو أوتوقراطي أو مستبد وإجبارهم على الطاعة العمياء من خلال الخوف. ويرى بيتر ج. ريد Peter Reed أن النتائج يستبعد أن تكون جاهزة أو تتجاوز التوقعات بدرجة كبيرة لأن الأفراد لن يقدموا أفضل ما عندهم في موقف كهذا، إلا أن ذلك يكون مدعاة حقيقية للقلق خاصة في الأحوال التي لا يكون لمثل هؤلاء المديرين دور مباشر متصل بالتعامل مع الزبائن وحيث يمكن أن يظل افتقارهم لمهارات الاتصال بين الأشخاص غير ملحوظ طالما جاءت نتائج مرؤوسيهم بالمستوى المطلوب.

ومن أمثال هؤلاء مديرو المبيعات المنتمين للمدرسة الصارمة القديمة. وقد وجدت أن ذلك يشكل خطرا في بعض الدول النامية التي يوجد فيها مسافة سلطوية شاسعة بين «الرؤساء» والمرؤوسين وربما أيضا دلائل قليلة حقيقية. وعندما تستند السلطة على المركز الوظيفي أو الرتبة بصورة بحتة، قد يكون من الخطر الاعتماد ببساطة على إنجاز الأهداف عند تقييم المديرين، ولكن من نفس المنطق سيكون من الخطر أيضا المبالغة في تعقيد النظام وإدخال عنصر الذاتية في نظام قد يكون بالفعل سيء السمعة ومفتقدا للمصداقية. فالأمر ليس سهلا.

وفي المنظمات المدارة بصورة جيدة، يكون الحل غالبا هو إدراج قائمة بقدرات عامة وقدرات متخصصة أو خاصة بالأدوار يمكن تقييم الأفراد بالقياس إليها ضمن نماذج (أو استمارات) التقييم، حيث يتيح ذلك فرصة إدراج أشياء مثل مهارات الاتصال بين الأشخاص ومهارات التدريب الخاص والتعليم الخاص، ومهارات الإصغاء، ومهارات التفاوض، ومهارات الاتصال (الشفهي والمكتوب) وهكذا.

وهناك الكثير من قوائم القدرات الإدارية أو الإشرافية العامة، إلا أن ما تفعله هذه القوائم هو أنها تطرح أسئلة شديدة الصعوبة بخصوص إعطاء التقديرات أو الدرجات. فأيهما أهم - على سبيل المثال - الدرجة أو التقدير المشتق من التقييم الكلي للكفاءة أم الدرجة أو التقدير المشتق من إنجاز الأهداف؟ هل توجد حاجة لإعطائها أوزانا تعكس أهميتها النسبية؟

وإذا استطاعت القيادة والفريق التنفيذي حسم هذه القضايا بدرجة مرضية، ولا شك أن ذلك سيكون في ضوء النصائح المقدمة من مهنيي أو استشاري الموارد البشرية، فربما يصلون إلى حل وسط يلائم الغاية التنظيمية، أما إذا كان هناك أي شك أو جدل يتعذر حسمه حول الموضوع، فإنني أنصح في هذه الحالة بتقييم الأداء من منظور تحقيق نتائج موضوعية بشكل بحت، وإذا كان الفريق التنفيذي يرغب في إدراج قدرات مناسبة أو التعليق عليها في تقرير التقييم (ربما في سياق التعرف على فرص التدريب والتطوير)، فإن توصيفات الكفاءة هذه ينبغي أن تختار من واحدة من القوائم أو الأطر المعدة مهنيا للمعايير والقدرات. علاوة على ذلك فإنني لا أحبذ إدراج أي تقييم للكفاءة الكلية ضمن التقييم النهائي خاصة إذا كان ذلك مرتبطا بالأجر من أي ناحية.

أجعل هذا التقييم النهائي مبنيا على الأداء الفعلي بالنسبة لغالبية الموظفين، ويجوز تقييم المديرين بناءا على نتائج أداء يمكن أن تشمل تحقيق أهداف قابلة للقياس بالمقارنة بمؤشرات الكفاءة القيادية. وإذا قدمت للأفراد على كافة المستويات فرص لإظهار إمكاناتهم القيادية (التي يتضح في أحيان كثيرة أنها فذة)، وشجعوا على القيام بذلك من خلال تمكينهم لكي يجدوا طرقا مبتكرة أو تكيفية أو توليدية لحل المشكلات، فسوف يحققون أهدافهم المتفق عليها أو يتجاوزونها على أي حال، وسوف يستمتعون أيضا بالتفاعل مع الآخرين لإضافة قيمة إلى هذه العملية لكي تصبح النتائج أكبر من مجموع الأجزاء.

وفي النهاية، لا تنس أبدا أن الأفراد يمكن أن يقدموا أفضل ما عندهم فقط في حالة وجود نظم دعم وهياكل تنظيمية ملائمة. وتذكر أن المنظمة أو المنشأة ذاتها عبارة عن كائن حي معقد وديناميكي، وتحتاج العجلات إلى التزييت من حين إلى آخر والأجزاء الميكانيكية إلى صيانة، لكن الأفراد ليسوا ماكينات، بل يحتاجون إلى بيئة ممكنة وهيكل يضع أقل عدد ممكن من العوائق أو الحواجز أمام الأداء المتميز وأمام تنمية الإمكانات القيادية.

مصادر بيانات تقييم الأداء

يمكن أن نقول أن المصدر الرئيسي لبيانات تقييم الأداء هو المديرين والرؤساء والمشرفين على التنظيم. إلا أن هناك مصادر لا تقل في أهميتها عن المصدر السابق، هي: الموظف أو العامل نفسه، الزملاء، المرؤوسين لهذا الموظف أو العامل، الجمهور (سواء الداخلي أو الخارجي) الذي يتعامل معه هذا الموظف أو العامل.

قياس الأداء

أصبح قياس الأداء من القضايا الأساسية التي يقوم عليها تقييم الأداء. ويقصد بالقياس Measurement عملية تحديد القيم الرقمية للأشياء أو للأحداث وفقا لقواعد معينة والتي يجب أن تكون متوافقة مع خصائص الأشياء أو الأحداث موضع القياس. ومع أهمية هذه الخطوة إلا أن هناك من يشكك في أهمية قياس الأداء.

والجدول التالي يلخص الحجج الرئيسية المؤيدة والمعارضة للقياس، والذي وضعه كل من جنيفر جوي Jennifer Joy وزملاؤه:

مع	ضد
- يسهم في المصداقية	- يمكن أن يحدث خللا واضطرابا وهبوطا في الروح المعنوية
- يوفر بيانات موضوعية	- النتائج ذاتية
- يمكن من «قابلية التسويق»	- صعوبة إثبات السبب والنتيجة
- قد يساعد في المحافظة على الجودة	- الدافع قد يكون سياسيا
- يظهر النجاح	- قد يقلل الفشل
- يؤكد على المقاييس المالية	- قد يولد شعورا بالرضا عن الذات
- يرتبط بوضع الأهداف	- ليس بالضرورة الأداء البشري - ما يقاس يتم القيام به

لقد طرح العديد من مؤلفي الإدارة منظماتهم حول القياس، ففي «معطف المطر الخالي»، وصف تشارلز هاندي Charles Handy (1994) ما أسماه «مغالطة ماكنمارا».

● المغالطة الأولى: هي قياس ما يمكن قياسه بسهولة. هذا لا بأس به حتى الآن.

● المغالطة الثانية: هي إهمال ما لا يمكن قياسه بسهولة أو إعطاؤه قيمة كمية جزافية. هذا موقف اصطناعي ومضلل.

● المغالطة الثالثة: هي افتراض أن ما لا يمكن قياسه بسهولة عديم الأهمية في الحقيقة. هذا عمى.

● المغالطة الرابعة: هي قول إن ما لا يمكن قياسه بسهولة غير موجودة في الحقيقة. هذا انتحار.

معايير الأداء:

«معايير الأداء تحدد النتائج المنتظرة من عمل الموظف، ولكي تكون هادفة، يتوجب على كل من يقوم بالعمل أن يعرف ويتقبل تلك المعايير».

(د. آرثر آر. بيل)

ولقياس الأداء لابد من وضع معايير للأداء Performance Standards. ويقصد بمعايير الأداء الشروط أو المواصفات لخصائص الأداء المقبول. هذا ويمكن تقسيم معايير الأداء إلى أنواع وذلك حسب:

1- الزمن Time: وهو عبارة عن تقدير عدد وحدات الزمن لإنجاز وحدة عمل واحدة باستخدام جهد معين.

2- الكمية Quantity: وهو عبارة عن تحديد كمية معينة من وحدات العمل التي تنتج في وقت معين.

3- الجودة Quality: وهو عبارة عن وحدات العمل التي يمكن إنتاجها بمستوى معين من حيث الإتقان والتميز في وقت معين.

4- التكلفة Cost: وهو عدد وحدات العمل التي يمكن إنتاجها بتكلفة معينة في وقت معين.

ويقاس الانحراف في الأداء من خلال معرفة وتحديد الفجوة بين الأداء الفعلي والمعيار المحدد لهذا الأداء.

طرق تقييم الأداء:

هناك طرق عديدة لتقييم الأداء. ويعتمد استخدام أي طريقة على أهداف وحجم المنظمة بالإضافة إلى الإمكانات المتاحة.

ومن هذه الطرق - كما يوضح ذلك بسيوني محمد البرادعي - نذكر:

1- مقياس إعطاء الدرجات Rating Scale:

وهي تقييم العامل، وذلك بإعطائه درجات بناءا على بعض المعايير مثل الولاء للمنظمة، والتعاون مع الزملاء، كمية وكيفية العمل. حيث يقوم المسئول بتقييم الموظف بناءا على هذه المعايير.

2- الأحداث الجوهرية Critical Incidents:

حيث يقوم الشخص المسئول بتسجيل معلومات عن سلوكيات العامل في بعض الحالات والأحداث الجوهرية سواء كانت سلبية أو إيجابية. ويتم تسجيل الواقعة أو الحادثة والسلوك الذي قام به العامل في هذه الواقعة والتاريخ. ومن أمثلة الأحداث الجوهرية الإيجابية، قيام العامل بمساعدة أحد زملائه في العمل في وقت إضافي دون مقابل.

3- الترتيب Ranking:

وهو تصنيف العاملين من الأكثر فعالية وإنتاجية إلى الأقل حيث يقوم الشخص المسئول بتقييم العاملين بناءا على مقارنتهم بعضهم ببعض.

4- قائمة الاختيار Checklist :

وتتطلب قيام الشخص المسئول باختيار عبارات أو جمل تصف أداء العامل وسلوكياته، حيث يتم وضع نقاط لهذه السلوكيات. وتختلف هذه النقاط باختلاف أهميتها للمنظمة.

5- المقارنة الزوجية Comparative by Pairs:

إذ يتم المقارنة بين عاملين اثنين، وتكرر هذه العملية لبقية العامَلين، ولتوضيح ذلك، يقارن عامل (أ) مع (ب)، وعامل (ج) مع (د). وإذا افترضنا أن نتيجة التقييم هي أن (أ) أفضل من (ب)، أن (ج) أفضل من (د). فنقارن بعد ذلك (أ)، (ج) فمثلا نجد أن (ج) أفضل من (أ)، ونقارن أيضا (ب) مع (د) فإذا وجدنا أن (ب) أفضل من (د)، فإن الترتيب النهائي لهؤلاء العاملين هو كالتالي من حيث الأفضل:

(ج) - (أ) - (ب) - (د)

6- طريقة معدلات الأداء:

وتعتمد هذه الطريقة على خطوتين. ففي الخطوة الأولى يتم فيها تحديد معدل الأداء والسلوك المطلوب، والذي على العامل إنجازه خلال فترة زمنية معينة. وفي الخطوة الثانية يتم تقييم أداء العامل بناءا على إنجازاته المتعلقة بالسلوك والأداء ومقارنته بالأداء المتوقع والذي تم تحديده في الخطوة الأولى.

وبصفة عامة فإنه يمكن أن نقول أن هناك العديد من المؤشرات والمقاييس التي يمكن استخدامها في تقييم الأداء. ومن الأفضل أن تكون مركزة على السلوك الوظيفي أكثر من تركيزها على النواحي الشخصية للموظف أو للعامل، وذلك حتى تتصف بالموضوعية وعدم الذاتية، وحتى يتوافر أساس عادل في تقييم أداء العاملين. وبعد إجراء القياس يتم مقارنة النتائج المحققة من العاملين بمستوى الإنجاز المطلوب والتعرف على مدى تحقيق العاملين لهذه المستويات.

تقييم الأداء والتوصيف الوظيفي:

ولكي يكون تقييم الأداء سليما وموضوعيا لابد من توفر العديد من الشروط - السابق ذكرها - إلا أنه من الضروري أيضا أن يكون هناك توصيف وظيفي Job Description يصف الوظيفة وأهدافها ومسئوليات شاغلها وسلطاته والمؤهلات والخبرات المطلوبة لشاغلها وعناصر تقييم أداء شاغل هذه الوظيفة.. على أن يكون هذا التوصيف مكتوب ولدى العامل / الموظف نسخة منه.. ويساعد التوصيف الوظيفي في عملية تقييم الأداء، بما يوفره من أهداف ومستويات وعناصر يمكن القياس عليها في عملية التقييم هذه.

والآتي نموذج لتوصيف وظيفي لوظيفة مدير المخازن بشركة مصانع النجمة الصناعية بمدينة 6 أكتوبر بجمهورية مصر العربية، وذلك للاسترشاد به في هذا الشأن:

نموذج التوصيف الوظيفي
لوظيفة مدير المخازن

1- اسم الوظيفــــــــــة: مدير المخازن

2- رقم الوظيفــــــــــة : ....

3- الدرجة المالية للوظيفــة: ....

4- الأهداف العامة للوظيفة: ....

تتضمن أهداف الوظيفة إدارة عمليات التخزين بالشركة في ضوء كل من السياسة والأهداف العامة وسياستي التخزين والشراء بالشركة.

كما تتضمن أهداف الوظيفة بذل أقصى الجهود للحفاظ على المخزون والمخازن المختلفة وترتيب الأصناف وحفظها داخل المخازن بالأساليب السليمة مع العمل على تأمين سلامة المخزون داخل المخازن وتأمين عمليات النقل والتداول من المخازن المختلفة إلى المصنع.

كما تستهدف مهام الوظيفة الإشراف على مراقبة حدود التخزين بالشركة ومتابعة الحيود عنها ورفع التقارير الدورية والتحليلية بذلك، مراقبة اتباع وسائل الأمن الصناعي والتأمين على المخازن المختلفة والعمل على الحفاظ على وتأمين كافة ممتلكات الشركة بالمخازن المختلفة.

تستهدف أيضا مهام الوظيفة الإشراف على تنظيم المخازن ومراقبة العمل بها من حيث الاستلام والتخزين والصرف ورفع التقارير التحليلية والدورية عنها وكذا الإشراف على تنظيم وتوجيه أعمال القيد بسجلات المخازن والاشتراك في تطوير الإجراءات والدورات المستندية بما يكفل سلامة وانتظام العمل.

كما تستهدف التنسيق الكامل مع إدارات الشركة المختلفة بشأن تحسين أداء المخازن وتطوير أساليب العمل بها والاشتراك في والإشراف على أعمال الجرد الدورية والمفاجئة للمخازن المختلفة واتخاذ اللازم نحو تنفيذ ما يرد من توصيات.

كما تستهدف بذل الجهود والعمل المستمر على وضع الضوابط التي تكفل سلامة المخزون وعدم تعريضه للفقد أو الضياع أو السرقات، الإشراف على حصر جميع المخلفات والاشتراك في تنظيم عمليات بيعها مع الإدارات المعنية بالشركة.

5- الإشراف المباشر على الوظيفة:

يخضع مدير إدارة المخازن للإشراف المباشر من السيد مدير عام المصنع، فنيا لإشراف السيد رئيس قطاع المواد بالإدارة المركزية للشركة.

6- الوظائف التي يشرف عليها شاغل الوظيفة:

يشرف السيد مدير إدارة المخازن مباشرة على رؤساء وأمناء المخازن التابعة وكذا العمالة المساعدة بها.

7- واجبات ومسئوليات شاغل الوظيفة:

1-7 مسئوليات الإدارة:

(أ) التخطيط:

● اقتراح الخطط الخاصة بتأمين سلامة المخزون بالمخازن المختلفة للشركة.

● اقتراح خطط تطوير أساليب العمل بالإدارة ومتابعة تنفيذ ما يعتمد منها.

● اقتراح والاشتراك في تطوير الدورات المستندية والإجراءات المخزنية المعمول بها.

(ب) السياسات والنظم والتنظيم:

● الالتزام ومراقبة سلامة تطبيق السياسات والنظم واللوائح المعتمدة والحاكمة لعمليات الإدارة والعمل على تقييم هذه السياسات والنظم واللوائح دوريا، وقياس مدى فاعليتها وكفاءتها، وتقديم التقارير عن عمليات التقييم دوريا مشتملة على الاقتراحات لتطويرها وتحسين فاعليتها كلما استدعى الأمر ذلك.

143

(ج) التحفيـز:

● تحفيز العاملين على تحقيق الأهداف والخطط المعتمدة للإدارة سواء كان ذلك من خلال نظم الحوافز التي تتبعها الشركة أو من خلال التعامل المباشر مع العاملين في إطار السلطات التي يتمتع بها شاغل الوظيفة.

● تحفيز العاملين بالشركة وتنمية انتماءاتهم بما يكفل حسن الأداء وسرعة الإنجاز في ضوء الأهداف الموضوعة.

● تحفيز العاملين على الإبداع والابتكار في مجالات أعمالهم وتشجيعهم على طرح وتطوير أفكارهم في هذا الصدد مع أهمية اتخاذ الإجراءات اللازمة لسرعة تطبيق ما يتم الموافقة عليه من أفكار واقتراحات.

(د) المتابعـة:

● متابعة أعمال كوادر الإدارة والعمل على تنظيم وتوجيه الجهود نحو تنظيم المخازن ومراقبة العمل بها.

● متابعة الالتزام بالحدود المخزنية ورفع التقارير الدورية التحليلية لإبراز الحيود عن تلك الحدود.

● متابعة الالتزام بالسياسة العامة للتخزين بالشركة.

● متابعة اتباع وسائل الأمن الصناعي وتأمين المخازن المختلفة ضد مخاطر الحريق والسرقة.

● إصدار التقارير الدورية عن عمليات الإدارة إلى السيد مدير عام المصنع.

2-7 المسئوليات الفنية والمهنية:

● مدير المخازن مسئول مسئولية كاملة عن سلامة المخزون بالمخازن المختلفة وكذا إجراءات تخزينه وصرفه وهو في سبيل ذلك عليه بذل كافة الجهود والعمل المستمر على وضع كافة الضوابط التي تكفل سلامة المخزون بالاشتراك مع الإدارات المعنية بالشركة.

● الإشراف على ترتيب الأصناف المختلفة وحفظها داخل مخازن الشركة والاشتراك في لجان تكويدها.

- الإشراف على إدارة عمليات التخزين في ضوء سياسات التخزين والشراء المعتمدة.
- الإشراف على ومتابعة الالتزام بالحدود المخزنية ورفع التقارير الدورية والتحليلية عنها.
- الإشراف على تأمين سلامة المخزون بالمخازن وأثناء عمليات التداول والنقل إلى المصانع.
- متابعة والإشراف على تنفيذ تعليمات الأمن الصناعي فيما يختص بتأمين المخزون والمخازن المختلفة بالشركة.
- الإشراف على تنظيم المخازن، ومراقبة العمل بها والعمل على استكمال إجراءات التخزين والصرف والاستلام ومتابعة أعمال القيد بالسجلات المختلفة.
- الاشتراك في تطوير أساليب العمل وإجراءاته داخل المخازن.
- الإشراف على حصر جميع المخلفات بالشركة والاشتراك في تنظيم عمليات بيعها.
- الاشتراك في والإشراف على أعمال الجرد السنوي والدوري للمخازن المختلفة ومتابعة تنفيذ توصيات جهات الجرد المختلفة في ضوء ما يتراءى من ملاحظات.

3-7 مسئوليات تنمية وتقييم وضبط أداء الموارد البشرية:

- العمل على بث ونشر روح الجدية في الأداء والالتزام بنظم ولوائح العمل من خلال إعطاء القدوة في التصرفات وتوخي الحزم والعدل في القيادة.
- الإشراف على تطبيق لوائح الموارد البشرية المعتمدة على العاملين في أنشطة الإدارة التابعة له.
- العمل على قياس إنتاجية العمل في كل من الأقسام التابعة له واتخاذ الإجراءات الملائمة لتحسين إنتاجية العاملين.
- الإشراف على إعداد تقارير الأداء عن العاملين في الإدارة وتوجيه رؤساء الأقسام التابعة له من أجل تصويب أي خلل، وحل المشاكل التي تكشف عنها هذه التقارير.
- اقتراح خطة الإحلال الدوري لرؤساء الأقسام التابعة لشاغل الوظيفة أو خطط التأهيل القيادات المرشحة.

4-7 المسئوليات تجاه الالتزام بنظم الجودة:

- الالتزام بالمعايير والضوابط المعتمدة لتحقيق جودة الأداء واتخاذ الإجراءات للتأكد من تطبيق هذه النظم.

5-7 المسئوليات التجارية.

6-7 المسئوليات المالية:

- يتم تحديدها وفقا للوائح المالية للشركة.

8- سلطات شاغل الوظيفة:

- اعتماد استلام وتسليم المواد والمنتجات في ومن مخازن الشركة واعتماد تداولها.
- اقتراح تعيين لجان فتح المخازن في الحالات الطارئة في ضوء اللوائح المعتمدة.
- اقتراح الإجراءات وأساليب العمل التي تكفل تطوير العمل بالإدارة.
- توجيه العاملين في الإدارة التابعة إلى إتباع النظم والأساليب الخاصة بتنظيم العمل.
- اقتراح خطط الاستعانة بالعمالة اليومية ومقاولي الخدمات في ضوء متطلبات العمل بالإدارة التابعة ورفعها للسيد مدير عام المصنع لاعتمادها.
- التفاوض مع عملاء المخلفات ورفع التقارير إلى الجهات الأعلى لإتمام تنفيذ الاتفاقات.
- اقتراح خطة التعيينات بالإدارة التابعة.
- التفتيش الدوري والمفاجئ على المخازن والسجلات والعمل على تصويب أية أخطاء.
- اعتماد الإجراءات الجزائية والعقابية والمكافآت للعاملين بالإدارة وفقا لاقتراحات رؤساء الأقسام في ضوء النظم واللوائح المعتمدة واقتراح الإجراءات العقابية والجزائية والمكافآت الخاصة برؤساء الأقسام إلى السيد مدير عام المصنع.
- ممارسة السلطات المالية وفقا لما تقره اللوائح المالية للشركة.

9- المؤهلات والخبرات المطلوبة لشاغل الوظيفة:

- شهادة جامعية مناسبة مع خبرة عملية لا تقل عن 15 سنة منها ثلاث سنوات على الأقل بنفس الدرجة الوظيفية.
- يتمتع بثقافة مهنية وقدرة على التحليل والإبداع.
- قدرة متميزة على القيادة وتحليل المشاكل وطرح الحلول المناسبة لها والقدرة على إعداد التقارير التحليلية والوافية.
- إلمام كافي باللغة الإنجليزية ودراية باستخدامات الحاسب الآلي وتطبيقاته المهنية.

10- عناصر تقييم أداء الوظيفة ووزنها النسبي

عنصر التقييم	الوزن النسبي
- انتظام العمل بالمخازن وكفاءة إدارة عمليات التخزين.	
- كفاءة إعداد التقارير الدورية التحليلية عن العمل بالمخازن.	
- كفاءة مراقبة حدود التخزين المختلفة.	
- نجاح الإدارة في تنظيم المخازن وترتيب الأصناف والحفاظ عليها أثناء عمليات التخزين والتداول.	
- نجاح الإدارة في تنظيم عمليات الصرف للمصانع.	
- انتظام القيد بسجلات ودفاتر الإدارة.	

نماذج تقييم الأداء:

والآتي نموذج مختصر لتقييم الأداء يمكن الاسترشاد به في هذا الشأن:

نموذج تقييم الأداء

إعداد: أ. د. مدحت محمد أبو النصر

تقييم الأداء عملية تقوم بها المنظمة لمعرفة أي من العاملين أنجز العمل وفقا لمعدلات الأداء المستهدفة. ويترتب على هذا التقييم وصف الموظف / العامل بمستوى كفاية أو جدارة واستحقاق معين (ممتاز / جيدا جدا/ جيد/ مقبول / ضعيف).

الاســـــم : ....

المسمى الوظيفي : ....

الإدارة / القســـم: ....

تاريــخ التعييـــن : ....

عدد السنوات التي أمضاها الموظف في الوظيفة الحالية: .... سنة

تاريخ آخر تقييم: . ... وتقديره: ....

اسم الرئيس المباشر القائم بالتقييم الحالي: ....

التاريــخ: ....

1- المواظبة:

ممتاز ❑   جيد جدا ❑   جيد ❑   مقبول ❑   ضعيف ❑

2- المعارف:

ممتاز ❑   جيد جدا ❑   جيد ❑   مقبول ❑   ضعيف ❑

3- الاتجاهات:

ممتاز ❑   جيد جدا ❑   جيد ❑   مقبول ❑   ضعيف ❑

4- المهارات:

ممتاز ❑   جيد جدا ❑   جيد ❑   مقبول ❑   ضعيف ❑

5- الاتصال:

ممتاز ❑   جيد جدا ❑   جيد ❑   مقبول ❑   ضعيف ❑

6- السلوك:

ممتاز ❑   جيد جدا ❑   جيد ❑   مقبول ❑   ضعيف ❑

7- الكمية :

ممتاز ❑   جيد جدا ❑   جيد ❑   مقبول ❑   ضعيف ❑

8- الجودة (النوعية/ الإتقان):

ممتاز ❑   جيد جدا ❑   جيد ❑   مقبول ❑   ضعيف ❑

9- إدارة الوقت:

ممتاز ❑   جيد جدا ❑   جيد ❑   مقبول ❑   ضعيف ❑

10- القراءة:

ممتاز ❑   جيد جدا ❑   جيد ❑   مقبول ❑   ضعيف ❑

11- التفكير:

ممتاز ❑   جيد جدا ❑   جيد ❑   مقبول ❑   ضعيف ❑

12- المبادأة:

ممتاز ❑   جيد جدا ❑   جيد ❑   مقبول ❑   ضعيف ❑

13- المحافظة على المعدات والأجهزة:

ممتاز ❑   جيد جدا ❑   جيد ❑   مقبول ❑   ضعيف ❑

14- التنظيم:

ممتاز ❑   جيد جدا ❑   جيد ❑   مقبول ❑   ضعيف ❑

15- التعاون:

ممتاز ❑   جيد جدا ❑   جيد ❑   مقبول ❑   ضعيف ❑

149

16- الولاء والانتماء:

ممتاز ☐   جيد جدا ☐   جيد ☐   مقبول ☐   ضعيف ☐

17- تقبل التوجيه والنقد:

ممتاز ☐   جيد جدا ☐   جيد ☐   مقبول ☐   ضعيف ☐

18- الإبداع والابتكار:

ممتاز ☐   جيد جدا ☐   جيد ☐   مقبول ☐   ضعيف ☐

19- الحرص على التعلم والتعليم:

ممتاز ☐   جيد جدا ☐   جيد ☐   مقبول ☐   ضعيف ☐

20- الاستفادة من التدريب:

ممتاز ☐   جيد جدا ☐   جيد ☐   مقبول ☐   ضعيف ☐

توقيع الموظف / العامل	توقيع المشرف الرئيس المباشر	توقيع مدير الإدارة
....	....	
....		

التعليمات:

1- ممتاز   : 5 درجات.

جيد جدا   : 4 درجات.

جيـد   : 3 درجات.

مقبول   : 2 درجة.

ضعيف   : 1 درجة.

2- اجمع جميع الدرجات عن جميع بنود التقييم.

تفسير النتائج:

1- إذا حصل الموظف على 84 درجة فأكثر، فإن درجة تقييم أدائه هي ممتاز.

2- إذا حصل الموظف على 68-83 درجة، فإن درجة تقييم أدائه هي جيد جدا.

150

3- إذا حصل الموظف على 52-67 درجة، فإن درجة تقييم أدائه هي جيد.

4- إذا حصل الموظف على 36-51 درجة، فإن درجة تقييم أدائه هي مقبول.

5- إذا حصل الموظف على 20-35 درجة، فإن درجة تقييم أدائه هي ضعيف.

التقدير العام: ....

الإجراء التصحيحي: (يقترح بمعرفة كل من المشرف/الرئيس المباشر/ومدير الإدارة).

1- إبداء النصح والإرشاد   (   )

2- المتابعة الجيدة   (   )

3- التدريب الفردي   (   )

4- التدريب الجماعي   (   )

5- الترقيـة   (   )

6- النقل   (   )

7- الحرمان من العلاوة   (   )

8- الفصل   (   )

9- أخرى، تذكر..

تقدير العلاوات:

1- إذا حصل الموظف/العامل على تقدير ممتاز - يصرف العلاوة كاملة بنسبة 100%.

2- إذا حصل الموظف/العامل على تقدير جيد جدا - يصرف العلاوة بنسبة 80%.

3- إذا حصل الموظف/العامل على تقدير جيد - يصرف العلاوة بنسبة 65%.

4- إذا حصل الموظف/العامل على تقدير مقبول - يصرف العلاوة بنسبة 50%.

5- إذا حصل الموظف/العامل على تقدير ضعيف - يحرم من صرف العلاوة.

151

مشكلات تقييم الأداء:

تنحصر المصادر الشائعة للخطأ في تقييم الأداء في:

1-	خطأ التعميم	Halo Effect
2-	التحيز	Bias
3-	التضخيم في التقدير	Inflation of Rating
4-	الميل للنزعة المركزية	Central Tendency
5-	المشكلات الخاصة بالثبات والوثوق	Reliability Problems

ويشرح هذه الأخطاء عبد الغفار حنفي كالتالي:

1- خطأ التعميم Halo Effect:

والذي يعني ميل المقيم أن يقدر أو يقيم كل أبعاد وجوانب الأداء - والتي افترض أن هذه الجوانب مستقلة عن بعضها البعض - دفعة واحدة، ويعطي تقدير عام للشخص موضع التقييم، وبذلك فإن هذا النوع من الخطأ يعني الاتجاه إلى التعميم من الانطباع العام المسبق لتقييم الأداء والسلوكيات المعينة.

2- التحيز Bias:

تصبح الأساليب الصادقة غير سليمة نتيجة التحيز من جانب القائمين بالتقييم. قد يحدث هذا التحيز لعدة أسباب والتي ترجع إلى النوع أو الجنس، الثقافة والتعليم، الصراع أو الاضطراب النفسي، رغم أنه من الصعب التعامل في ظل هذا التحيز، فإن الأساليب الوصفية تعطي فرصة أقل للتحيز، وقد يرتبط هذا التحيز بعامل الوقت، فالانطباع الحالي له تأثير أكبر في التحيز في التقييم وقد لا يحدث ذلك في ظروف أو فترة أخرى.

3- التضخيم في التقدير Inflation of Ratings:

العنصر الآخر الذي يحد من التقييم وفاعليته، هو الاتجاه نحو تضخيم أو تكبير التقديرات، ففي بعض الأحيان يتم التضخيم التدريجي في هذه التقديرات بمرور

152

الزمن - فقد يتم في بعض التنظيمات أن يلجأ القانون بالتقييم إلى تضخيم أو المبالغة في التقديرات في كل الأوقات.

4- الاتجاه نحو مركزية النزعة Central Tendency:

تحدث هذه النزعة عندما يتجنب القائمون بالتقييم الاقتراب من طرفي المقياس المدرج، وبمعنى آخر يبدو أنهم يميلون إلى التركيز في التقييم حول نقطة وسطى من المقياس.

5- المشكلات الخاصة بالثبات والوثوق Reliability Problems:

يفقد القائمون بالتقييم الثبات والوثوق بالتقييم وكذلك المصداقية نتيجة استخدام معايير متباينة غير متناسقة، ونتيجة غياب أو الضعف التدريبي على أساليب ووسائل التقييم، ويعتبر الفشل والتقصير في المتابعة العملية للتقييم وما يترتب على ذلك من نتائج مشكلة أخرى.

كذلك رصد حسين شرارة عشرون مشكلة من مشكلات تقييم الأداء، هي كالتالي:

1- المحاباة الشخصية .

2- الحكم المتحيز (ميل للشدة أو التساهل).

3- شعور شخصي بعدم جدوى التقييم (عدم الجدوى الشخصي).

4- عدم استخدام نتائج التقييم أو استخدامات محدودة له مثل منع الحوافز (عدم الجدوى الموضوعي).

5- عدم تغطية النموذج لكافة جوانب الأداء.

6- عدم وضوح أو غموض النموذج.

7- التفصيل المقيد لعناصر الأداء في النموذج أو التعميم الغامض لها.

8- نقص الخبرة و/أو التدريب اللازم لاستيفاء النموذج.

9- غياب معايير الأداء والأهداف الواضحة والقابلة للقياس.

10- استناد التقييم على الأداء في الماضي القريب وعدم تغطيته لكامل الفترة التي يجرى عنها التقييم.

11- عدم تخصيص الوقت اللازم والكافي لإجراء عملية التقييم.

12- تحيز المقيم لمرؤوسيه أمام الإدارة (جماعتي !!).

13- الخوف من مواجهة المرؤوس.

14- الميل للمساواة سواء بالتوسط أو الامتياز - الكل سواسية !!.

15- تأثر التقييم بالمشاعر الشخصية والانطباعات (سلبية أو إيجابية).

16- تغيير الرئيس الأعلى أو الإدارة للتقييم الذي يجريه الرئيس المباشر.

17- سيادة عنصر واحد أو صفة واحدة على التقييم.... (الهالة).

18- التأثر بآخر تقييم للأداء.

19- عدم التفرقة بين النتائج (الإنجاز) والممارسة (الإجراءات).

20- التأثر بنية الإدارة في استخدام التقييم.

تحسين الأداء:

من أهداف عملية تقييم الأداء أن يتم تحسين هذا الأداء Performance Improvement حتى يصل إلى معدل الأداء المستهدف أو المتوقع. وهناك نماذج عديدة في هذا الشأن نذكر منها على سبيل المثال:

1- نموذج دين ورابيلي في تحسين الأداء:

طور هذا النموذج الشامل كل من بيتر دين ودافيد رابيلي Dean & Ripley (1997)، ويعرضه عبد الباري إبراهيم درة في الشكل التالي:

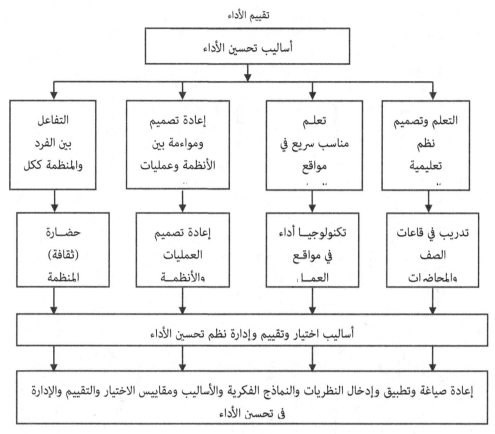

تقييم الأداء

| أساليب تحسين الأداء |

التفاعل بين الفرد والمنظمة ككل

إعادة تصميم ومواءمة بين الأنظمة وعمليات

تعلم مناسب سريع في مواقع

التعلم وتصميم نظم تعليمية

حضارة (ثقافة) المنظمة

إعادة تصميم العمليات والأنظمة

تكنولوجيا أداء في مواقع العمل

تدريب في قاعات الصف والمحاضرات

أساليب اختيار وتقييم وإدارة نظم تحسين الأداء

إعادة صياغة وتطبيق وإدخال النظريات والنماذج الفكرية والأساليب ومقاييس الاختيار والتقييم والإدارة في تحسن الأداء

شكل رقم (12)
نموذج دين ورابيلي في تحسين الأداء

2- نموذج الجمعية الدولية لتحسين الأداء:

وضعت الجمعية الدولية لتحسين الأداء (1998) The International Society for Performance Improvement النموذج الفكري التالي الذي يوضح تحليل الأداء وأساليب تحسينه:

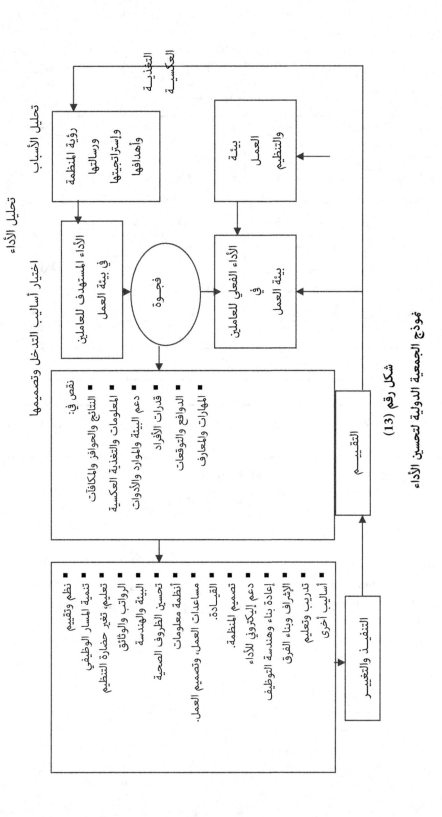

شكل رقم (13)

نموذج الجمعية الدولية لتحسين الأداء

الصفات التي يتمتع بها الأشخاص الذين يستطيعون شق طريقهم إلى القمة:

من بين الأساليب المستخدمة لتحديد هذه الصفات دراسة الصفات التي يتمتع بها قادة العمل الحاليون واستخدام النتائج المستخلصة من هذه الدراسة في التنبؤ بأدائهم في المستقبل. وهذه الطريقة بها عيب واضح وهي أنها ترتكز على عوامل ترتبط بالنجاح في الماضي وإذا كان هناك ثمة تغيير كبير قد يحدث في طبيعة القيادة في المستقبل فإن هذه العوامل لن تكون مناسبة بما فيه الكفاية للحكم على إمكانية النجاح في المستقبل بل وربما تكون مضللة.

وهناك دراسة أجراها كل من كوكس Cox وكوبر Cooper (1988) باستخدام اختبار كاتل Cattell للشخصية الذي يضم 16 عاملا، على خمسة وأربعين رئيسا تنفيذيا في المملكة المتحدة، وتوصلت هذه الدراسة إلى أن درجات أفراد العينة كانت موزعة على مدى واسع على معظم المقاييس، وهذا يعني أنه لا توجد صفات محددة للشخصية التي يمكن أن نقول إنها هي الشخصية المثالية للمدير التنفيذي الناجح.

بيد أنه قد تم إعطاء ستة وعشرين من هؤلاء التنفيذيين اختبار كيرتون Kirton للتكيف/ مقابل الابتكار. وقد جاءت درجاتهم كلهم في النصف العلوي من التوزيع، مما يعني أن جانب الابتكار لديهم يتفوق على جانب التكيف، وأربعة وخمسون بالمائة منهم جاءوا في أعلى عشرين بالمائة بالنسبة لعدد السكان ككل، مما يعني أن جانب الإبداع لديهم قوي للغاية.

وبالإضافة إلى ذلك، تم إعطاء ثلاثين منهم اختبار «النوع أ والنوع ب» « Type A / Type B test»، الذي أعده آر دبليو بورن RW Borne وزملاؤه في أثناء دراستهم للمرضى الذين يعانون من أمراض في شرايين القلب. وكان الأشخاص من «النوع أ» Type A أشخاصا يحبون المنافسة، ويحققون إنجازات عالية، وعدوانيين، ومتسرعين، وغير صبورين، وكثيري الحركة. وكانت أساليبهم في الحديث انفعالية، وتعبيرات وجوههم تتسم بالعصبية وكأنهم تحت ضغط دائم. وكانوا منهمكين جدا في عملهم

لدرجة أنهم كانوا يهملون جوانب حياتهم الأخرى. وكانت النتائج التي حصل عليها ثلاثون من المديرين التنفيذيين هامة للغاية: حيث كان سبعة وخمسون بالمائة منهم من «نوع 1أ» « Type A1» وهذا النوع لا يمثل سوى عشرة بالمائة من عدد السكان ككل.

وقد قام كل من كوكس Cox وكوبر Cooper أيضا بمراجعة العديد من الدراسات الأخرى المماثلة سواء في الولايات المتحدة أوروبا. وقد أشارت النتائج العامة التي استخلصوها من العديد من الأبحاث التي اطلعوا عليها إلى أن الأشخاص الذين يستطيعون شق طريقهم نحو القمة يشتركون في عدة صفات هي:

● العزم والتصميم.

● القدرة على التعلم من العثرات.

● القدرة على اقتناص الفرص عندما تظهر.

● وجود دافع إنجاز قوي.

● القدرة الهائلة على ضبط النفس.

● مجموعة متكاملة من القيم من بينها الأمانة، والاستقلالية، والمبادرة، الاهتمام الكبير بالناس وبالعلاقات معهم.

● التفاني في العمل إلى أقصى درجة.

● العمل في حد ذاته هو الذي يثير دافعيتهم وحماسهم وليست الجوائز الخارجية.

● حياة منظمة تنظيما جيدا.

● أسلوب براجماتي (عملي) في حل المشكلات وهو يختلف عن الأسلوب الفكري.

● مستوى عال من القدرة على التعامل مع الناس.

● مستوى عال من القدرة على التجديد والابتكار.

الفصل الثامن

Performance Evaluation

أشتمل هذا الفصل على:

- **Performance Evaluation's Main Objectives.**
- **Performance Evaluation's Conditions.**
- **Should Performance Evaluation be Scrapped?**
- **Receiving Feedback.**
- **Performance Feedback Verses Criticism.**

Performance Evaluation's Main Objectives:

The performance appraisal or evaluation is one of the most powerful motivational tools available to a leader. It has three main objectives:

1- To measure performance fairly and objectively against job requirements. This allows effective workers to be rewarded for their efforts and ineffective workers to be put on the line for poor performance.

2- to increase performance by identifying specific development goals. "If you don't know where you are going, any road will take you there"- Lewis Carrol. The appraisal allows the worker to target specific areas for job growth.. it should be a time to plan for better performance on the job.

3- to develop career goals so that the worker may keep pace with the requirements of a fast paced organization. More and more, every job in an organization becomes more demanding with new requirements. Just because a worker is performing effectively in her job today, does not mean she will be able to perform effectively tomorrow. She must be allowed to grow with the job and the organization.

Performance Evaluation's Conditions:

A lot of people consider giving performance appraisal as being quite uncomfortable. However, it is not the judging of people that is really uncomfortable; rather it is the judging of bad performance that is uncomfortable. Thus, eliminate poor performance in the first place, and performance appraisals become a lot more pleasant to give. Now of course you are not going to eliminate poor performance completely, however, with a little bit of planning they can be greatly reduced.

Performance has often been described as "purposeful work"-that is, a job exists to achieve specific and defined results. And what bad performers really do is perform "work activities" (busy work), rather than activities that contributes to effective performance.

The first step in performance planning is to determine the results that you want the performer to achieve. After all, workers generally want to know what they need to do, how well you need them to do it, and how well they are actually doing it (feedback).

In addition, a worker should not walk blindly into a performance appraisal. Past counseling sessions, feedback , and one-on-ones should give her a pretty clear understanding of what to expect from the appraisal. If you blind-side her, you have not done your job as a leader. Helping your team grow is not a once or twice yearly task, but a full-time duty.

The appraisal should be a joint effort. No one knows the job better than the person performing it. By turning the appraisal into a real discussion, rather than a lecture, the leader may learn some insightful information that could help boost his or her performance in the future. Before the meeting, have the worker complete her own self-appraisal. Although you might think they will take advantage of this by giving themselves unearned high marks, studies have shown that most workers rate themselves more critically than the leader would have.

Should Performance Evaluation be Scrapped?

There has been some talk of completely doing away with performance appraisals as they sometimes do more harm that they cause. Yet performance appraisals are tools and like any other tool, they can be used correctly or incorrectly.

Part of the problem might be with its name – "Performance Appraisal", which has sort of a judgmental sound to it; perhaps "Performance Planning and Review" might be a better term for it.

Part – time employees at Trader Joe's are reviewed every three months, which is an unusually frequent rate of evaluation (Speizer, 2004). In addition, the part-time employees of Trader Joe's are paid higher wages, as are their full –time workers, than what you will find in the normal grocery store (an average of $ 16 per hour vs. $12).

What is interesting about all of this is that they have been bought three times, and NOT because they are losing money- they make more money per square foot business than the average grocery store. The new leadership teams have never said that they need to pay them what the rest of the industry pays. Why? Because they see the value in their workers! Rather than giving lip-service to "employees are our most valuable asset", they actually walk-the-talk.

Yet, one of the arguments for scrapping performance appraisals is that all workers' pay should be aligned with the labour market -- they do not deserve annual pay raises as it inflates the wage and salary structure.

Traditionally, roles have remained the same while goals change. Yet, due to the rapid changes that occur on a day-to-day basis, the roles are actually changing, even though they might remained fixed on paper. Performance appraisals often fail to factor in the changing relationships between goals and roles that are often in a high state of metamorphosis. That is, our attention remains fixed on steadfast goals, while ignoring ever-changing roles.

This type of thinking shows up in a lot of industries as they view their workers' jobs as set roles, even though the world is rapidly changing.

Thus, the real argument is not really about scrapping Performance Evaluation, but rather ensuring that once goals are set, that all roles are properly accounted for so that the target can indeed be met.

Receiving Feedback:

Being able to give good feedback should not be they only goal; we also need to be aware of the need to receive and act upon feedback, even if it is delivered in a critical manner. That is, we need to develop skills that help us extract useful information, even if it is delivered in a critical tone.

Allowing attitudes of the criticizer to determine your response to information only weakens your chances for opportunity. Those who are able to glean information from any source are far more effective. Just because someone does not have the skills to give proper feedback, does not mean you cannot use your skills to extract useful information for growth. When receiving information, rather it is feedback or criticism; think "How can I glean critical information from the message." Concentrate on the underlying useful information, rather that the emotional tones. Also note what made you think it was criticism, rather than feedback. This will help you to provide others with feedback, rather than the same emotional criticism.

Performance Feedback Verses Criticism:

In general, there are two different forms of information about performance – feedback and criticism. Feedback was originally an engineering term that refers to information (outcome) that is fed back into a process to indicate whether that process is operating within designated parameters. For example, the sensor in a car's radiator provides feedback about the engine temperature. If the temperature rises above a set point, then a secondary electrical fan kicks in.

When dealing with human performance, feedback refers to observable behaviors and effects that are objective and specific. This feedback needs to be emotionally neutral information that describes a perceived outcome in relation to an intended target. For example, "During the last two meetings, you announced the tasks and how to perform them, rather than asking for input. "People who receive feedback in this manner can use the data to compare the end results with their intentions. Their egos should be aroused, but not bruised.

Compare this to criticism that is emotional and subjective. For example, "You dominate the meetings and people do not like it!" The recipient has much more difficulty identifying a changeable behaviour other than to try to be less dominant. Also, the angry tone of the criticism triggers the ego's defensive layer and causes it to be confrontational or to take flight (flight or flee), thus strengthening the resistance to change... which is exactly the opposite of what you needs to be done. Delivering effective performance feedback takes time, effort, and skill; thus criticism tends to be a popular choice for providing feedback. Since we receive far more criticism than feedback, our egos have become accustomed to fighting it off. We have all seen people receive vital information, yet shrug it off through argument or denial, and then continue on the same blundering course.

المصادر والمراجع

- أولا: المصـــادر
- ثانيا: المراجع العربية
- ثالثا: المراجع الأجنبية

أولا: المصادر

1- القرآن الكريم

2- الأحاديث النبوية الشريفة

ثانيا: المراجع العربية

1- أحمد سيد مصطفى: «مقومات فاعلية إدارة الجودة الشاملة في منظماتنا العربية»، **مجلة الجمعية العربية للإدارة**، العدد 8، ديسمبر 1994.

2- أحمد سيد مصطفى: **المدير وتحديات العولمة إدارة جديدة لعالم جديد** (القاهرة: دار النهضة العربية: 2000).

3- أحمد سيد مصطفى: **إدارة الموارد البشرية** (القاهرة: المؤلف، 2004).

4- أحمد سيد مصطفى: **المدير ومهاراته السلوكية** (القاهرة: المؤلف، 2005).

5- أحمد سيد مصطفى: **إدارة السلوك التنظيمي** (القاهرة: المؤلف، 2004).

6- السيد عليوه: **تحديد الاحتياجات التدريبية** (القاهرة: إيتراك، ط2، 2008).

7- براء عبد الكريم بكار: **إدارة الإبداع في منظمات التعلم** (الأردن: جامعة اليرموك، كلية الاقتصاد والعلوم الإدارية، 2002).

8- برنارد تايلور الثالث: **مقدمة في علم الإدارة**، تعريب سرور علي إبراهيم، مراجعة محمد يحيى عبد الرحمن (الرياض: دار المريخ، 2007).

9- بسيوني محمد البرادعي: **تنمية مهارات تخطيط الموارد البشرية** (القاهرة: إيتراك، 2004).

10- بيتر ج. ريد: **القيادة المتميزة**، ترجمة علا أحمد إصلاح (القاهرة: مجموعة النيل العربية، 2005).

11- بيتر ف. دراكر: **الإدارة**، ترجمة محمد عبد الكريم، مراجعة، نادية الهادي (القاهرة: الدار الدولية للنشر والتوزيع، 1995).

12- بيتر ف. دراكر: **الإدارة للمستقبل**، ترجمة صليب بطرس (القاهرة: الدار الدولية للنشر والتوزيع، 1995).

13- بيتر ف. دراكر: **تحديات الإدارة في القرن الواحد والعشرين**، ترجمة إبراهيم بن علي الملحم، مراجعة مساعد بن عبد الله الفريان (الرياض: معهد الإدارة العامة، 2005).

14- توفيق محمد عبد المحسن: **اتجاهات حديثة في الجودة والقياس** (القاهرة: دار الفكر العربي: 2008).

15- توم بيترز: **ثورة في عالم الإدارة**، ترجمة محمد الحديدي، مراجعة صليب بطرس (القاهرة: الدار الدولية للنشر والتوزيع، 1995).

16- جاري ديسلر: **إدارة الموارد البشرية**، ترجمة محمد سيد أحمد عبد المتعال (الرياض: دار المريخ للنشر، 2003).

17- جفري فيفر: **الموارد البشرية كقوة تنافسية**، الشركة العربية للإعلام العلمي، شعاع، خلاصات، السنة 3، العدد 12، القاهرة: يونيه 1995.

18- جل بروكس: **قدرات التدريب والتطوير**، ترجمة عبد الإله إسماعيل كبتي، مراجعة عبد اللطيف بن صالح العبد اللطيف (الرياض: معهد الإدارة العامة، 2001).

19- جمال الدين محمد المرسي: **الإدارة الإستراتيجية للموارد البشرية** (الإسكندرية: الدار الجامعية، 2006).

20- جنيفر جوي - ماثيوز وآخرون: **تنمية الموارد البشرية**، ترجمة علا أحمد إصلاح (القاهرة: مجموعة النيل العربية، 2008).

21- جوزيف جابلونسكي: **تطبيق إدارة الجودة الكلية**، خلاصات، الشركة العربية للإعلام العلمي «شعاع» السنة الأولى، العدد 6، القاهرة: فبراير 1993.

22- جيرالد جرينبرج وروبرت بارون: **إدارة السلوك في المنظمات**، ترجمة رفاعي محمد رفاعي، وإسماعيل علي بسيوني (الرياض: دار المريخ للنشر، 1425هـ).

23- حافظ فرج أحمد: **الجودة الشاملة في المؤسسات التربوية** (القاهرة: عالم الكتب، 2006).

24- حسن محمد خير الدين وآخرون: **العلوم السلوكية** (القاهرة: مكتبة عين شمس، 2000).

25- حسين شراره ومحمد سعيد خشبة: **البرنامج التدريبي تكنولوجيا المعلومات** (القاهرة: المجموعة الاستشارية للشرق الأوسط، 2004).

26- حسين شرارة: **البرنامج التدريبي مهارات تقييم الأداء الإداري** (القاهرة: توتاليتي، 2004).

27- رامي الجاغوب: **مقدمة في نظام إدارة الجودة** (دبي: معهد دبي لتنمية الموارد البشرية، 2007).

28- راوية حسن: **مدخل استراتيجي لتخطيط وتنمية الموارد البشرية** (الإسكندرية: الدار الجامعية، 2005).

29- روبرت كيلي: **كيف تصبح نجما لامعا في العمل؟** الشركة العربية للإعلام العلمي «شعاع»، خلاصات، السنة 6، العدد 15، القاهرة: أغسطس 1998.

30- رولاند راست وآخرون: **عائد الجودة، قياس النتائج المالية لبرنامج الجودة في شركتك**، خلاصات، الشركة العربية للإعلام «شعاع»، السنة الرابعة، العدد 3، القاهرة: فبراير 1996.

31- ريتشارد جيرسون: **كيف تقيس رضاء العملاء؟** ترجمة خالد العامري (القاهرة: دار الفاروق للنشر والتوزيع، 2003).

32- ريتشارد فرمان: **توكيد الجودة في التدريب والتعليم**، ترجمة: سامي علي الجمال، آفاق الإبداع العالمية للنشر والإعلام، 1995).

33- سامية فتحي عفيفي ويسرية فراج محمد: **الاتجاهات الحديثة في الإدارة العامة** (القاهرة: حورس للطباعة والنشر، 2000).

34- سامية فتحي عفيفي: **دراسات في السلوك الإداري** (القاهرة: كلية التجارة، جامعة حلون، 2006).

35- سعد غالب التكريتي: **نظم مساندة القرارات** (عمان: دار المناهج للنشر والتوزيع، 2004).

36- سلسلة الإدارة المثلى: **إدارة الأفراد** (بيروت: مكتبة لبنان، 2001).

37- سلسلة الإدارة المثلى: **أساليب التوجيه المثلى** (بيروت: مكتبة لبنان، 2001).

38- سلسلة الإدارة المثلى: **الحفز لأداء أمثل** (بيروت: مكتبة لبنان، 2001).

39- سمير محمد فريد: **البرنامج التدريبي تشخيص وحل المشكلات** (القاهرة: مؤسسة التعاون للبترول، 2006).

40- سوزان أ. ويلان: **كيفية بناء فرق عمل فعالة**، ترجمة عبد الحكم الخزامي (القاهرة: دار الفجر للنشر والتوزيع، 2002).

41- سوزان سلفر: **النظام كأفضل مايكون**، الشركة العربية للإعلام العلمي «شعاع»، خلاصات، السنة 4، العدد 12، القاهرة: يونيو 1996.

42- سيد الهواري: **الإدارة، الأصول والأسس العلمية للقرن 21** (القاهرة: مكتبة عين شمس، ط2، 2000).

43- سيد سيد أحمد وفيصل بن عبد الكريم الخميس: **إدارة الجودة الكلية، طريق المنظمات العربية نحو الامتياز** (القاهرة: 2007).

44- سيد عبد القادر: **الدليل الشامل للجودة الكلية في تطبيق المواصفات الدولية لنظم الجودة 9000** (القاهرة: 1994).

45- شركة الراجحي المصرفية للاستثمار: **مجلة الراجحي**، «ماهية هندسة التغيير في المنشآت»، العدد 74، الرياض: مارس 2003.

46- صلاح الشنواني: **إدارة الأفراد والعلاقات الإنسانية** (الإسكندرية: مؤسسة شباب الجامعة، 1999).

47- ضياء حلمي: «التغير، أدوات تحويل الأفكار إلى نتائج»، **مجلة التدريب والتنمية**، جمعية التدريب والتنمية العدد 16، القاهرة: يوليو - سبتمبر 2004.

48- طارق السويدان: **منهجية التغيير في المنظمات** (الرياض: مؤسسة قرطبة للإنتاج الفني، 2001).

49- عادل محمد زايد: «نماذج تمييز الأداء، مدخل تنمية الموارد البشرية الشرطية»، **مجلة الفكر الشرطي**، الإدارة العامة لشرطة الشارقة، المجلد العاشر، العدد 37، الشارقة 2001.

50- عامر الكبيسي: **الفكر التنظيمي** (الدوحة: دار الشروق للطباعة والنشر، 1998).

51- عبد الباري إبراهيم درة: «إدارة الجودة، مدرسة إدارية معاصرة ذات انعكاسات إيجابية على فعليات المؤسسات الشرطية العربية»، **مجلة الفكر الشرطي**، الإدارة العامة لشرطة الشارقة، العدد 14، الشارقة: سبتمبر 1995.

52- عبد الباري إبراهيم درة: **تكنولوجيا الأداء البشري في المنظمات** (القاهرة: المنظمة العربية للتنمية الإدارية، 2003).

53- عبد الرحمن توفيق: «الإدارة ركيزة تحول الأحلام إلى واقع»، **المؤتمر العلمي السادس للمعهد العالي للخدمة الاجتماعية**، القاهرة: 4-5 إبريل 2007.

54- عبد الرحمن توفيق: **الإدارة المعرفة** (القاهرة: مركز الخبرات المهنية للإدارة، 2004).

55- عبد الرحمن توفيق: **المهارات السبع للنجاح** (القاهرة: مركز الخبرات المهنية للإدارة، 2004).

56- عبد الرحمن توفيق: **التدريب الفعال** (القاهرة: مركز الخبرات المهنية للإدارة، 2004).

57- عبد الرحمن هيجان: «التعلم التنظيمي»، **مجلة الإدارة العامة**، المجلد 37، العدد 3، 1998.

58- عبد الرحيم محمد: «إدارة الجودة الشاملة»، **مجلة التدريب والتنمية**، جمعية التدريب والتنمية، العدد 16، القاهرة: يوليو - سبتمبر 2004.

59- عبد العزيز نور: «الجودة الشاملة قبل فوات الأوان»، **جريدة الأهرام**، القاهرة: 2007.

60- عبد الغفار حنفي: **السلوك التنظيمي وإدارة الموارد البشرية** (الإسكندرية: الدار الجامعية، 2007).

61- عبد الفتاح الشربيني وأحمد فهمي جلال: **أساسيات الإدارة** (شبين الكوم: مطابع الولاء الحديثة، الطبعة الثانية، 1997).

62- عبد الفتاح الشريف وأحمد فهمي جلال: **أسس الإدارة** (الجيزة: جامعة القاهرة، 2001).

63- عبد الكريم درويش وليلى تكلا: **الإدارة العامة** (القاهرة: مكتبة الأنجلو المصرية، 1974).

64- عبد المجيد السيد عبد المجيد: **الإدارة أصول ومبادئ وتطبيقات** (القاهرة: مكتبة عين شمس، 1999).

65- علاء عبد الباري عبد الواحد: «مراقبة الجودة الإحصائية كمدخل لقياس جودة العمليات الشرطية» **مجلة الفكر الشرطي**، الإدارة العامة لشرطة الشارقة، المجلة العاشرة، العدد 37، الشارقة، 2001.

66- علي السلمي: **السلوك الإنساني في الإدارة** (القاهرة: مكتبة غريب، 1998).

67- علي السلمي: **إدارة الموارد البشرية** (القاهرة: دار غريب للطباعة والنشر والتوزيع، 1998).

68- علي السلمي: **التدريب الإداري** (القاهرة: المنظمة العربية للعلوم الإدارية، 1970).

69- علي السلمي: **إدارة الموارد البشرية الاستراتيجية** (القاهرة: دار غريب للطباعة والنشر، 2001).

70- علي السلمي: **خواطر في الإدارة المعاصرة** (القاهرة: دار غريب للطباعة والنشر، 2001).

71- علي السلمي: **إدارة التميز** (القاهرة: دار غريب، 2002).

72- علي محمد صالح، وعبد الله عزت بركات: **مبادئ علم الإدارة** (عمان: الأردن: مكتبة الرائد العلمية، 2001).

73- علي محمد عبد الوهاب وسعيد عامر: **الفكر المعاصر للتنظيم والإدارة** (القاهرة: مركز ويد سرفيس، 1994).

74- علي محمد عبد الوهاب وآخرون: **إدارة الموارد البشرية** (القاهرة: كلية التجارة، جامعة عين شمس، 2001).

75- علي محمود منصور: **مبادئ الإدارة، أسس ومفاهيم** (القاهرة: مجموعة النيل العربية، 1999).

76- عوض خلف العنزي: **إدارة جودة الخدمات العامة** (الكويت: مكتبة الفلاح، 2005).

77- فؤاد القاضي: «الاتجاهات الحديثة في إدارة الموارد البشرية»، **مجلة إدارة الأعمال**، (جمعية إدارة الأعمال العربية، القاهرة: 2002).

78- فؤاد القاضي: **تنمية المنظمة والتطوير التنظيمي** (القاهرة: دار الصفا للطباعة والنشر، ط3، 1988).

79- فوزي محمد جبل: **علم النفس العام** (الإسكندرية: المكتب الجامعي الحديث، 2001).

80- فيليب اسكاروس: **الجديد في مناهج البحث التربوي** (القاهرة: المركز القومي للبحوث والتنمية، 2002).

81- فيليب ب كروسبي: **الجودة بلا معاناة**، ترجمة محسن إبراهيم الدسوقي، مراجعة سعيد بن عبد الله القرني (الرياض: معهد الإدارة العامة، 2006).

82- فيليب سادلر: **القيادة**، ترجمة هدى فؤاد محمد (القاهرة: مجموعة النيل العربية، 2008).

83- فيليب سادلر: **الإدارة الاستراتيجية**، ترجمة علا أحمد إصلاح (القاهرة: مجموعة النيل العربية، 2008).

84- الفين توفلر: **صدمة المستقبل، المتغيرات في عالم الغد**، ترجمة علي ناصف (القاهرة: نهضة مصر، ط2، 1990).

85- لويد دوبينز وكليرماسون: **إدارة الجودة، التقدم والحكمة وفلسفة ديمنج**، ترجمة حسن عبد الواحد (القاهرة: الجمعية المصرية لنشر المعرفة والثقافة العالمية، 1997).

86- مجيد الكرخي: **معايير تقييم الأداء** (الدوحة، قطر: المجلس الأعلى لشئون الأسرة، 2006).

87- محمد رياض: **دليل تأهيل المنظمات العربية لتطبيق نظام إدارة الجودة** (القاهرة: المنظمة العربية للتنمية الإدارية، 2002).

88- محمد سعيد خشبه: **نظم المعلومات - المفاهيم والتكنولوجيا** (القاهرة: مكتبة الأخبار، 1987).

89- محمد محمد إبراهيم: **الاتجاهات المعاصرة في منظومة الإدارة** (القاهرة: مكتبة عين شمس، 2005).

173

90- محمد نبيل كاظم: **كيف تحدد أهدافك على طريق نجاحك؟** (القاهرة: دار السلام، 2006).

91- محمود عبد الكريم عبد الحافظ: **محاضرات برنامج تطوير أساليب إدارة شؤون الموظفين** (القاهرة: الهيئة المصرية العامة للثروة المعدنية، 2004).

92- مدحت محمد أبو النصر: «العوامل الرئيسية المؤثرة في تعظيم عائد التدريب أثناء الخدمة في المهن المساعدة»، **مؤتمر قياس التكلفة والعائد**، جمعية إدارة الأعمال العربية، القاهرة: 13-12 أكتوبر 1991.

93- مدحت محمد أبو النصر: «العوامل الرئيسية المؤثرة في تعظيم عائد التدريب»، **مؤتمر التدريب.. المستقبل**، هيئة التعليم التطبيقي، الكويت: أكتوبر 1993.

94- مدحت محمد أبو النصر: «المعلومات ونظم المعلومات في الإمارات العربية المتحدة - الواقع والطموح»، **المؤتمر الدولي دور الحاسوب في التعليم**، كلية العلوم الإدارية والاقتصادية، جامعة الإمارات العربية المتحدة، العين، 25-26 أكتوبر 1995.

95- مدحت محمد أبو النصر: «المعلومات - المفهوم والنظم والتدريب»، **مجلة الإدارة**، مجلد3، العدد2، القاهرة: أكتوبر 1998.

96- مدحت محمد أبو النصر: **اكتشف شخصيتك وتعرف على مهاراتك في الحياة والعمل** (القاهرة: إيتراك للطباعة والتوزيع والنشر، 2002).

97- مدحت محمد أبو النصر: «الجودة ودورها في التنمية الاقتصادية والاجتماعية» **المؤتمر العربي عن الفكر الجديد في الجودة والبيئة**، المركز الاستراتيجي للتدريب والاستشارات والدراسات، القاهرة: 19-21 يناير 2003.

98- مدحت محمد أبو النصر: **إدارة الجمعيات الأهلية** (القاهرة: مجموعة النيل العربية، 2004).

99- مدحت محمد أبو النصر: **قواعد ومراحل البحث العلمي** (القاهرة: مجموعة النيل العربية، 2004).

100- مدحت محمد أبو النصر: **مهارات إدارة اجتماعات العمل بنجاح** (القاهرة: مجموعة النيل العربية، 2006).

101- مدحت محمد أبو النصر: **إدارة منظمات المجتمع المدني** (القاهرة: إيتراك للطباعة والتوزيع والنشر، 2006).

102- مدحت محمد أبو النصر وطلعت مصطفى السروجي: «جودة الخدمات الاجتماعية»، **مجلة دراسات في الخدمة الاجتماعية والعلوم الإنسانية**، كلية الخدمة الاجتماعية، جامعة حلوان العدد 21، الجزء 4، القاهرة أكتوبر 2006.

103- مدحت محمد أبو النصر: **إدارة وتنمية الموارد البشرية، الاتجاهات المعاصرة** (القاهرة: مجموعة النيل، 2007).

104- مدحت محمد أبو النصر: **أساسيات علم ومهنة الإدارة** (القاهرة: مكتبة دار السلام، 2007).

105- مدحت محمد أبو النصر: **مفهوم ومراحل وأخلاقيات مهنة التدريب في المنظمات العربية** (القاهرة: إيتراك للطباعة والنشر والتوزيع، 2007).

106- مدحت محمد أبو النصر: **الاتجاهات المعاصرة في تنمية وإدارة الموارد البشرية** (القاهرة: مجموعة النيل العربية، 2007).

107- مدحت محمد أبو النصر: **الإدارة بالحب والمرح** (القاهرة: إيتراك للطباعة والنشر والتوزيع، 2007).

108- مدحت محمد أبو النصر: **الاتجاهات المعاصرة في تنمية وإدارة الموارد البشرية** (القاهرة: مجموعة النيل العربية، 2007).

109- مدحت محمد أبو النصر: **الإدارة بالحب والمرح** (القاهرة: إيتراك للطباعة والنشر والتوزيع، 2007).

110- مدحت محمد أبو النصر: **إدارة الجودة الشاملة في مجال الخدمات** (القاهرة: مجموعة النيل العربية، 2008).

111- مدحت محمد أبو النصر: **إدارة الذات** (القاهرة: دار الفجر للنشر والتوزيع، 2008).

112- مدحت محمد أبو النصر: **إدارة الوقت** (القاهرة: المجموعة العربية للتدريب والبحوث والتسويق، 2008).

113- مدحت محمد أبو النصر: **التفكير الابتكاري والإبداعي** (القاهرة: المجموعة العربية للتدريب والنشر، 2008).

114- مدحت محمد أبو النصر: **بناء وتحسين مهارات الاتصال الفعال مع الآخرين** (القاهرة: المجموعة العربية للتدريب والنشر، 2008).

115- مدحت محمد أبو النصر: **قيم وأخلاقيات العمل والإدارة** (الجيزة: الدار العالمية للنشر والتوزيع، 2008).

116- مدحت محمد أبو النصر: **إدارة الجودة الشاملة في مجال الخدمات** (القاهرة: مجموعة النيل العربية، 2008).

117- مركز الخبرات المهنية للإدارة: **البرنامج التدريبي للأداء الإداري المتميز** (القاهرة: بميك، 2007).

118- مركز الفريق المتميز: **البرنامج التدريبي مهارات التعامل مع الجمهور** (أبو ظبي: EXTREME، 2007).

119- مصطفى مصطفى كامل: **إدارة الموارد البشرية** (الجيزة: كلية التجارة، جامعة القاهرة، 1992).

120- منير البعلبكي: **المورد، قاموس إنجليزي عربي** (بيروت: دار العلم للملايين، 2008).

121- مهدي حسن: **إدارة الموارد البشرية** (القاهرة: دار الفكر لطباعة النشر والتوزيع، 2001).

122- ميشيل مان: **موسوعة العلوم الاجتماعية**، ترجمة عادل مختار الهواري وسعد عبد العزيز مصلوح (الكويت: مكتبة الفلاح، 1994).

123- نبيل عشوش: **السلوك الإنساني والتنظيمي في الإدارة** (الجيزة: أكاديمية الفراعنة، 2006).

124- نبيل علي: العرب وعصر المعلومات، **سلسلة عالم المعرفة،** المجلس الوطني للثقافة والفنون والآداب، العدد 184، الكويت: إبريل 1994).

125- هيوكوش: **إدارة الجودة الشاملة، تطبيق إدارة الجودة الشاملة في الرعاية الصحية وضمان استمرار الالتزام بها،** ترجمة طلال بن عاير الأحمدي، مراجعة خالد بن سعد بن سعيد (الرياض: معهد الإدارة العامة، 2002).

126- و. جاك دنكان: **أفكار عظيمة في الإدارة،** ترجمة محمد الحديدي (القاهرة: الدار الدولية للنشر والتوزيع، 1991).

127- وليم دنكان: **دليل إدارة المشروعات،** ترجمة عبد الحكيم الخزامي (القاهرة: دار الفجر، 2002).

128- يحيى حسن درويش: **معجم مصطلحات الخدمة الاجتماعية** (الجيزة: الشركة المصرية العالمية للنشر لونجمان، 1998).

ثالثا: المراجع الأجنبية:

1- A Lucia & R. Lepsinger **The Art and Science of Competency Models** (N.Y.: Jossey – Bass/ Pfeiffer, 1999).

2- A. M. Jones & C. Hendry: **The Learning Organization: A Review of Literature and Practice** (London: HRD Partnership, 1992).

3- Andrew J. Dubrin: **Applying Psychology** (N.J: Prentice-Hall, Inc., 4th ed., 1994).

4- Aubrey C. Daniels: **Brining out the best in People** (California: Mr. Graw Hill, 2002).

5- B. Garratt: **The Learning Organization: Developing Democracy at Work** (Harper & Collins Publishers, 2001).

6- Bruce Brok: **Quality Management** (N.Y.: Irwin publishers 1992).

7- C. Argyris & D. Schon: **Organizational Learning, Theory, Method and Practice (Reading, U.K.:** Addison Wesley, 1996).

8- C. Argyris: **Organizational Learning** (Boston: Allyn & Bacon, 1990).

9- Cambridge International College: **Human Resource Management** (U.K.: Cambridge International College 2006).

10- Chopman & Hall: **Total Quality Management** (U.K: prentice hall 2000).

11- Colin Coulson Thomas: **The Future of the Organization** (London: Kogan Page Ltd., 1997).

12- Dale Yoder: **Total Quality Management** (U.K.: 1991).

13- Dean R. Spitzer: **Super Motivation** (N.Y.: amacom, 1995).

14- Edward L. Brewinton: "Management Development" in Robert L. Craing (edr.): **The ASTD Training and Development Handbook** (N.Y.: Mc Graw-Hill, 4th ed., 1996).

15- F. Richard: **Beynd Customer Service** (California: Crisp Publication. 1992).

16- Francis Fukuyama: **Trust** (N.Y.; The Free Press 1995).

17- Frank Sonnenberg: **Managing with Conscience** (N.Y.: MC Graw Hill Co., 1998).

18- G. Abramson: **Knowledge Management** (N.Y.: 1999).

19- G. Abramson: **Knowledge Management** (N.Y.: MC Graw Hill Co., 1999).

20- Gary Dessler: **Human Resources Management** (Virginia: Reston Publishing Co. 1989) & (N.J.: Prentice Hall Int., Inc., 7th ed. 1997).

21- Gary Hamel: **Leading the Revolution** (Boston: Harvard Business School Press, 2000).

22- G. Huber: "Organizational Learning", **Organization Science,** Vol.2, No.1, 1991.

23- G. Probst & B. Buchel: **Organizational Learning** (N.Y.: Prentice Hall, 1997).

24- Harold Koontz & Heinz Weihrich: **Essentials of Management** (U.S.A.: Megraw Hill, 1990).

25- Harold Koontz and Cyil O'Donnell: **Principles of Management** (N.Y.: Mc Graw-Hill, 1972).

26- Henri Fayol: **Industrial and General Administration,** trans. JA. Coubrough (Geneva: International Management (Institute, 1930).

178

27- J. Dedra: **Customer Service Excellence** (U.S.A: American media, 1994).

28- James A. Stoner: **Management** ((N.J.: Prentice Hall, Inc., 6th. ed., 2006).

29- Jane Henry: **Creative Management** (London: SAGE Publication, 2nd ed., 2000).

30- Janice Arcaro: **Creating Quality in the Classroom** (Flordia: St. Lucie Press, 1995).

31- Jennifer Joy – Mathews & et. al: **Human Resource Development** (London: Kogan Page, 3rd. ed., 2004).

32- Jerald Greenberg & Robert A. Baron: **Behavior in Organization** (N. J: Prentice Hall 7th ed., 2002).

33- John Bank: **The Essence of Total Quality Management** (N.Y.: Prentice Hall. 1992).

34- John Kelly: **Total Quality Management, a Program for the High Performance Business** (N.J.: Alexander Hamilton Institute, 1993).

35- John S. Oakland: **Total Organization Excellence** (Oxford: Butterworth ltd., 2001).

36- Joseph Heffernan & et. Al: **Social Work and Social Welfar** (St. Panl: West Publicating co. 2nd. ed., 1992).

37- Joseph M. Juran: **Juran on Quality by Design** (N.Y.: the Free Press, 1992).

38- Joseph R. Jablanski: **Implementing Total Quality Management,** (san Dieago: pifeiffer co., 2001).

39- Larry Bossidy & Ram Charan: **Confronting Reality** (N.Y.: Crown Business, 2004).

40- M. J. Pedler, T. Boydell & J. C. Burgoyne: **The Learning Company** (London: Mc Graw Hill, 1991).

41- Mel Silberman & Karen Lawson: **101 Ways to Make Training Active** (N.Y.: Pfieffer & Co., 1995).

42- Mesho Morishima: **Why Has Japan Succeeded?** (Cambridge University Press, 1982).

43- Michael Armstrong: **Human Resource Management Practice** (London: Kogan Page, 10 th. Ed., 2006).

44- Michael Mann: **Encyclopedia of the Social Sciences** (London: London School of Economics, 1994).

45- N. Logothetis: **Managing for Total Quality** (N.Y.: prentice Hall, 1992).

46- Peter Dean & David Ripley (edrs.): **Performance Improvement Pathfinders** (Washington, D.C.: The International Society for Performance Improvement, 1997).

47- Peter F. Drucker: **The Practice of Management** (N.Y.: Harpe and Row, 1954).

48- Peter M. Senge: "Leading Learning Organization", **Training and Development** Vol. 50, Issue 12, 1996.

49- Peter M. Senge: **The Fifth Discipline: The Art & Practice of Learning Organization** (N.Y.: Doubleday 1990).

50- Philip Sadler: **Leadership** (London: Kogan Page, 2003).

51- Philip Sadler: **Strategic Management** (London: Kogan Page, 2003).

52- Phillip B. Crosby: **Quality Is Free** (N.Y.: Mc Grow - Hill Book co., 1979).

53- Phillip B. Crosby: **Quality Without Tears** (N.Y.: Mc Grow Hill Book co., 1984).

54- Pradip N. Khandwalla: **The Design of Organization** (N.Y.: Harcourt Brace Javanovih Inc., 3rd ed., 2000).

55- R. Buckley & J. Caple: **The Theory and Practice of Training** (London: Kogan Page, 1990).

56- R. Garratt: **The Learning Organization** (London: Fontana, 1987).

57- R. Mirabile: "Every Thing You Wanted to know about Competency Modeling", **Training & Development Journal**, No. 51, August 1997.

58- R. Mondy & Preneaux: **Management Concepts, Practices and Skills** (U.S.A: Prentice Hall, Inc., 1997).

59- R.M. Gange: **The Canditions of Learning** (N.Y.: Rinehart & Winston, 1970).

60- R.Robbins: **Organizational Behavior** (N.Y.: Prentice Hall, 1998).

61- R.W. Mondy: **Management, Concepts and Practices** (Boston: Allynand Bacon, 1983).

62- Ricky Griffin: **Management** (Boston: Houghton Miffin Co., 1993).

63- Robert C. Appleby: **Administration** (London: Pitman, 6th ed., 1994).

64- Robert C. Appleby: **Modern Business Administration** (London: Pitman Publishing, 7th ed., 2000).

65- Robert E. Kelley: **How to be a Star at Work** (N.Y.: Times Business, 1998).

66- Robert H. Rosn & Paul B. Brown: **Leading People, The Eight Proven Principles for Success in Business** (U.S.A.: Penguin group Inc., 2nd. ed., 2000).

67- Robert L. Barker: **The Social Work Dictionary** (Washington, De: NASW Press, 4th, ed., 1999).

68- Robert Tannenbaum & Warren H. Schmidt: "How to choose a Leadership Pattern", **Harvard Business Review,** Vol. 51, No. 3, May-June 1973.

69- Rolad T. Rust & others: **Return on Quality: Measuring the Financial Impact of your Company Quest for Quality** (Chicago: Probus Publishing, 1994).

70- Ronald Walton: **The Covert Aims of Training** (Cardiff, U.K.: University of Wales, 2007).

71- Roy Mclennan: **Managing Organizational Change** (N.Y.: Prentice Hall, International Inc., 1989).

72- Sayler James: **Total Quality Management** (N.Y.: Mc Grow Hill Book; Co., 1992).

73- Stephen R. Covey: **The 7th. Habits of Highly Effective People** (London: Pocket Books, 1989, 2004).

74- Sters Richard M.: **Introduction to Organization Behavior** (N.Y.: Harper Colins Publishers, 4th ed., 1991).

75- Susan Silver: **Organized To Be The Best** (Los Angelss: Adams Hall Publishing, 1994).

76- Thomas S. Bateman & Carl P. Zelthaml: **Management** (Boston: IRWIN, 1999).

77- W. Choo: **The Knowing Organization** (N.Y.: Oxford University Press, 1998).

78- William A. Stimson: **Beyond ISO 9000, How to Dynamic World Sustain Quality** (N.Y.: AMACOM, 1998).

79- William Newman: **The Process of Management** (N.J.: Prentice – Hall, 5th ed., 1982).

80- Yashikayu Salcamoto (edr.): **Global Transformation, Challenges to the State System** (Tokyo: United Nation University, 1994).

81- Yeong Kim & John Short: **Globalization and City** (N.Y.: 1999).

82- Zaltman & Duncan: **Social Change** (N.Y.: The Free Press, 2002).

Printed in the United States
By Bookmasters